Nonviolent Communication
Companion Workbook 2nd Edition

非暴力沟通
实践手册

（修订版）

[美]吕靖安（Lucy Leu）◎著　刘 轶◎译　吕 欣◎审校

华夏出版社
HUAXIA PUBLISHING HOUSE

译者序

很多人读《非暴力沟通》都会感觉到不易甚至困难，难在知行合一（道理简单，也说得通，就是没法应用），难在思维和语言模式导致的固有习惯太强大。

我认为要解决这个问题，需要的其实就是体验和持续的练习。

体验是对非暴力沟通（NVC）的核心精神与方法有内心的触动，体验到何为马歇尔博士在《非暴力沟通》开篇说的"我渴望我的生命活出善意与慈悲，人与人之间流动着由衷的相互给予"以及"当暴力消融，爱自然流露"。哪怕这体验是短暂的，你也能对NVC何以打通关系、促进沟通与合作的底层逻辑有信心。而要让其时效持久，就需要实实在在的持续练习，才能带来内在的转化（所谓消融阻碍着爱的那些障碍），并建立全新的思维与语言模式。

多年来，我带领的NVC中文网通过许许多多的体验式学习（比如工作坊、静修营、训练营）以及社群共修，希望能为NVC学习者们带来上述的体验和练习，却还是受限于带领人的时间限制，要满足日见增多并且迫切的学习需求依然是我们持续要突破的挑战。

《非暴力沟通实践手册》可以说是极佳的助力。它由我非常尊敬的华人前辈吕靖安老师执笔，她同时也是《非暴力沟通》这本书英文版的编辑。这本实践手册的缘起是希望能支持到监狱中的人们在极其有限的资源条件下学习和练习非暴力沟通。其背后是吕靖安老师联合发起的"自由项目"，旨在通过非暴力沟通、正念、种族平等与反压迫的策略支持那些被世人称为"犯人"的人们进行可以疗愈、连结以及修复关系的沟通。于我而言，每每念及其人其事，浮现在心中的是她的诗文"心的圈子"：

在你的心窝处，
画一个圈。
邀请你的所有部分，
来，坐在火边。
这胸膛里升腾起的压力，
那在脸颊上蔓延的热气，
这麻木的感觉，
那愤怒的感受，
想说"它们是混蛋"，
想说"我什么都不是"，
这被理解的需要，
那被爱的渴望，
孤儿们探头探脑，
鼻子紧贴着冰冷的窗户，
还有在地下室壁橱里蹒跚的影子，
也邀请它们来吧，
因为这里有它们的空间，
还可以有更多：
你的容量很大。
太阳穴的跳动算不了什么，
——它压不倒你。
"我毫无价值"的想法比你渺小，
它吞噬不了你。

而如果它吞噬了你呢？

如果它真的吞噬了你呢？

邀请"不堪重负"走进这个圈子，

给绝望留个位子。

注意你是如何知道要将"不堪重负"抱在怀里，

并稳稳地伸手拥抱绝望。

不要将自己的任何部分丢掉，

完整地存在着，

让人性的所有面向都加入你那心的圈子。

啊，这本实践手册不也是如此体现着吗——一本用非暴力沟通的精神来书写的练习与带领指南。

不论是自学还是在团体中学习，你都可以找到指引（见第四部分）。

对于那些想要带领团体练习的实践者，本手册的第三部分涉及NVC带领的诸多重要方面。你会发现，不论是面对规则制定、团体成员的多样性（比如不同程度的学习者），还是面对冲突等这些复杂的团体动力，都可以从中找到带有非暴力沟通意识的思考与回应——每一刻都可以是我们觉知自己、回到内在并且创造连结的选择时刻。

同样，对于想要在带领团体中融入非暴力沟通的意识与方法（创造"心的圈子"）的协作者、引导者，相信也都可以从中收获养分！

在练习的第一章，吕靖安老师引用了马歇尔博士讲述的赠橘子的故事，故事的主人公说："除非你发自内心的给予，否则永远不要给予。"这本书何尝不是这样一份赠予：那心的圈子越大，越多的人（哪怕是那些无法轻易被看见的"犯人"们）得以被融入、被温暖、被看见，从而得到支持！

刘轶

国际非暴力沟通中心认证培训师、认证评估师（受训）

非暴力沟通 NVC 中文网创始人

《非暴力沟通》（修订版）译者

前　言

本练习手册和马歇尔·卢森堡博士所著的《非暴力沟通》（修订版）一书配套使用，带给大家 14 周的非暴力沟通实践课程提纲。建议您先熟悉马歇尔·卢森堡博士的《非暴力沟通》（修订版）一书，再开始使用本手册。

关于长颈鹿和豺狗

在许多国家，非暴力沟通以"长颈鹿语言"为人们所熟知。由于非暴力沟通在生活的方方面面激发人心的善意，创造愉悦，于是马歇尔选择了长颈鹿——这一拥有陆地上最大心脏的动物来象征它。长颈鹿的高度使它视野开阔，可用来象征非暴力沟通帮助人们觉察未来的可能性以及人们的想法和言行会带来的后果。长颈鹿长长的脖子提醒我们脆弱这一重要的品质，通过表达感受和需要，非暴力沟通邀请我们展现脆弱并将其转化为力量。

马歇尔还使用豺狗来代表我们的某个部分，这个部分以一种让我们无法觉知自己与他人的感受和需要的方式来思考、表达和行动。"长颈鹿"的称呼有时会与"非暴力沟通"交替使用，或者被用来指代非暴力沟通的实践者。在"长颈鹿"和"豺狗"这一语境中，豺狗只是有语言困难的长颈鹿。豺狗这个朋友传递给我们的讯息是，如果我们继续这样下去，我们将很难满足自己的需要。就像烫伤的疼痛会提醒我们不要将手伸向热炉子，豺狗提醒我们慢下来，在说话前找到长颈鹿的方式来倾听和思考。非暴力沟通的实践让我们识别"豺狗"并且与之为友，在觉察到它时欢迎它，并允许它引领我们连结自己的感受和需要。当我们带着善意行事而不加以道德评判时，我们就能在生活中体验到更多的满足感。

对许多人来说，使用玩偶有助于让我们区分自身的这两个部分（或两种不同的思考与表达方式），并且作为学习教具来说，它们让非暴力沟通的练习更加清晰和富有乐趣。

> **注 意**
>
> 国际非暴力沟通中心所使用的"长颈鹿"形象和术语与长颈鹿项目（The Giraffe Project）没有关系，后者是另一家独立的培训与教育机构。另外，在有些国家，非暴力沟通培训师们会使用除了长颈鹿和豺狗以外的其他动物形象。在英语中，也有人会用"长颈鹿语言""善意沟通"以及"NVC"来指代"非暴力沟通"。

本手册的老版本一直都使用"长颈鹿"和"豺狗"的说法，随着此书在世界各地被越来越广泛地使用，加上这两个术语在翻译上的困难，有时甚至完全无法被翻译，所以我们在本版本中沿用了此直译的表述。

致　谢

　　本手册中的练习最早是为那些很难获得培训资源的监狱犯人练习非暴力沟通所设计的。后来，这些练习被编撰成一本手册，用来支持那些在没有培训师和带领人的情况下练习非暴力沟通的小组。

　　要向马歇尔·卢森堡博士致谢，感谢他所带来的非暴力沟通以及许多年来给予我的鼓励和信心。在我作为非暴力沟通实践者的成长过程中，我也蒙恩于我的儿子菲利克斯、先生彼得以及来自普吉特海湾的"长颈鹿"伙伴们，他们为我能生活和工作在一个"长颈鹿"社群里提供了宝贵的机会。

目录 contents

▶ **第一部分　本手册的使用 …001**
　　　　　　本手册的目的 …003
　　　　　　本手册的使用建议 …005

▶ **第二部分　个人练习 …007**

▶ **第三部分　一起练习 …011**
　　　　　　第一章　组建一个练习小组 …013
　　　　　　第二章　谨记目的，从容练习 …016
　　　　　　第三章　带领练习小组 …018
　　　　　　第四章　带领人被看重的特质 …023
　　　　　　第五章　制定规则 …026
　　　　　　第六章　邀请反馈 …028
　　　　　　第七章　团体中的冲突 …030
　　　　　　第八章　拥抱冲突：提醒与建议 …045
　　　　　　第九章　团体互动的形式 …046
　　　　　　第十章　关于组织"同理倾听"活动的建议 …050
　　　　　　第十一章　关于组织角色扮演的建议 …055

▶ **第四部分　练　习 …057**
　　　　　　个人任务、带领人指南和回应范例 …059
　　　　　　第一章　关于《由衷的给予》的练习 …061

第二章　关于《疏离生命的语言》的练习 …069

第三章　关于《不带评论的观察》的练习 …076

第四章　关于《体会与表达感受》的练习 …082

第五章　关于《为自己的感受负责》的练习 …089

第六章　关于《提出请求，丰盈生命》的练习 …098

第七章　关于《以同理心倾听》的练习 …104

第八章　关于《同理心的力量》的练习 …111

第九章　关于《爱自己》的练习 …120

第十章　关于《充分表达愤怒》的练习 …129

第十一章　关于《化解冲突，调和纷争》的练习 …137

第十二章　关于《为了保护使用强制力》的练习 …149

第十三章　关于《解放自我，协助他人》的练习 …156

第十四章　关于《使用非暴力沟通表达感激与赞赏》的练习 …162

▶ **附　录** …171

附录1　对进一步练习非暴力沟通的建议 …173

附录2　感受词汇表 …176

附录3　需要词汇表 …179

附录4　"遭遇愤怒破坏时，SSTOP！" …181

附录5　个人反馈表 …182

附录6　团体反馈表 …183

附录7　非暴力沟通过程追踪表 …184

非暴力沟通四要素 …185

第一部分

本手册的使用

本手册的目的

本手册是为了配合马歇尔·卢森堡所著的《非暴力沟通》(修订版)一书的使用而编写的。其用意是支持:

1. 初次接触非暴力沟通的学习者。不论是自学还是团体学习,本手册都提供一个完整的课程提纲来支持学习和应用非暴力沟通。非暴力沟通需要人们发展出全新的思维和语言习惯,不论我们有多么为其理念感到赞叹,只有通过练习和应用,我们的生命才会发生转化。本手册为学习者带来为期14周的学习和持续练习,包括个人学习和团体学习。同时,学习者也可将此过程拓展至14个月,可以将手册中的每周学习建议改成每月的学习指导。若你把本手册用于长期精进练习,你一定会自如地运用非暴力沟通并收获不断深化的连结能力。

2. 想要定期参与团体学习的人。对此本手册可以提供:

·创建练习小组的指导;

·有关14次练习的内容和架构;

·为"轮流带领练习小组"提供建议并持续开展团体活动;

·发现和应对练习小组的常见挑战。

3. 那些生命被非暴力沟通所触动并想要把这份礼物传递下去的人。团体的带领者和培训师也可以将本手册当作课程开发的参考。

> **注 意**
>
> 在本手册的修订版中,团体练习和活动部分已被改进,用来支持个人练习,会用"练习"的框架加以标记。

本手册的使用建议

本手册提供 14 项任务，与《非暴力沟通》（修订版）的 14 个章节相对应，为人们提供系统学习非暴力沟通的基础。你可以考虑每周完成一个章节，这样既能保持学习的规律，又能有充分的时间吸收新的学习内容，同时也不至于因间隔太长而忘记之前所学的内容。

> **注 意**
>
> 在本手册中，马歇尔和他的书指代的是马歇尔·卢森堡以及他的著作《非暴力沟通》。由于《非暴力沟通》一书的不同版本在页码和章节上皆有变化，本手册在提到书的特定部分作为参考时，不会提示页码，而是指明其中的章节和小标题。

1. 首先阅读《非暴力沟通》（修订版）一书的相关章节。
2. 接着在本手册的第四部分找到相应章节的个人任务。

每个任务包括两个部分：

"**阅读回顾**"是一组简明问题，用来复习或回顾相应章节的内容。大部分读者会在读完一个章节后使用这些问题测试阅读效果，回忆学习的内容。也有人一边阅读一边回答问题，以便更好地专注于阅读和记忆内容。你可以自行尝试对你最有帮助的学习方式。

"**个人练习**"包含练习和活动，帮助学以致用。如：自我观察、反思、练习和角色扮演。许多任务在当下就能完成，也有些需要更多时间。在完成一项任务后，你可以快速地翻阅下一周的任务，了解哪些活动是需要多花一些时间来完成的。

练 习

给自学者和团体成员的建议：准备一个笔记本或者电子设备来帮助你记录练习答案，也可以用来记录在学习过程中浮现出的任何想法、感受或需要。

3. 如果你参与的是团体学习，可以一起练习"带领人指南"中的活动。开始前，请先阅读本手册的第三部分"一起练习"的第一章到第六章的内容，学习如何创建团体、发展架构、谨记目的、带领团体、制定规则以及邀请反馈。在团体学习期间，若有其他相关的话题产生，可以阅读第七章到第十一章的内容。这些章节涉及的话题包括：当解决团体内发生的冲突时，如何既能与非暴力沟通的精神保持连结，同时又能解决问题。

练 习

4. 如果你是自学，可以对应相关章节和你完成的作业，浏览"带领人指南"以及"回应范例"。这些练习和活动可以很容易地转变为适用于个人的练习。在完成练习后，你可以参照"带领人指南"后面的"回应范例"检验。

第二部分

个人练习

学习非暴力沟通就像学习一门外语，我们首先需要掌握概念，然后持续地练习。这好比学习外语的语法。幸运的是，与学习外语不同，你可以在任何地方和任何人练习非暴力沟通。我们并不需要与一位学习过非暴力沟通的搭档练习，在银行办理业务、晚餐时接到市场调研的电话、收看电视里的竞选、警察叫住我们等种种情况下，我们都可以练习。我们可以和自己的父母、孩子练习，也可以和同事、老板、朋友、伴侣、陌生人甚至"敌人"（我们的指责对象）练习，最重要的是和我们自己练习。

对于处在忙碌生活中的许多人来说，练习的挑战在于是否愿意花时间和精力并贯彻始终。本手册提供的内容希望能帮助学习者用14周的时间，系统地开启非暴力沟通的练习。在完成阅读和任务后，你一定会对理解非暴力沟通的概念感到信心大增，并掌握练习方法，进而可以发展和维持独属于你个人的练习计划。

当你准备自学时，明确以下几方面是有帮助的：你想要的收获是什么、你将投入多少精力与时间以及保持怎样的练习频率。对于将要开启这样一个14周学习之旅的个人来说，花一些时间明确你的目标和具体的练习时间，将有助于目标达成。你可以将目标和练习承诺写下来，经常性地回顾进度，以此来替代团体练习中由他人推动、支持和鼓励你完成承诺。许多人成功地通过本手册加深了对非暴力沟通概念的理解，并在实践中流畅自如地加以应用，增强了在与自己和他人的互动中进行同理倾听和诚实表达的能力。

本手册的第四部分有三个要素：个人任务、带领人指南和回应范例。

个人任务：包括"阅读回顾"和"个人练习"。这些练习除了个人使用外，团体也可以拿来使用。

带领人指南和回应范例：这两部分虽然是为团体活动设计的，

但也适用于个人。我们在其中会用"练习"的框架加以标记来协助你自学。此外，当你阅读了每个练习的说明之后，请停下来倾听随之而来的"内在对话"。

若要使练习达到最优化，你可以为此制订一个常规计划。有时，由于计划过于松散，我们的最佳规划也难以实现。你也许可以这样做：

- 专门创造一个空间来练习非暴力沟通。选择一个地方，可以为你带来安静与秩序，让你能专心于每天或每周的练习。你也可以寻找一个能让你感到格外平静和清醒的户外场所，或者在自己的居所内专门设置一个地方，布置诗歌、图片或蜡烛等任何物品，来帮助你和自己内在的创造力和学习热情保持连结。
- 随身携带一个笔记本或移动电子设备，以便你随时记录，作为你的心理书签，提醒自己稍后要考虑的任何想法或互动。

第三部分

一起练习

第一章
☑ 组建一个练习小组

在参与或组建一个练习小组的时候，最好清晰地知道你想要收获什么以及愿意给予什么。许多练习小组想要实现多重目标，有的或许想要聚焦于非暴力沟通的实践应用，有的或许更强调受非暴力沟通精神感召的社群意识。对个人来说同样如此，有的人希望投入少量的时间和情感，有的人则把团体看作生活重要的一部分。在面对这样的不同时，若成员们能在个人以及团体层面上明确自己的期待和与之相关的需要，并诚实地表达，则会减少引发困扰和冲突的可能性。

以下是人们加入练习小组的普遍动机：
- 学习或回顾非暴力沟通的理念；
- 提升践行非暴力沟通的流畅性；
- 通过加入一个志趣相投的社群，获得练习与参与上的支持；
- 满足同理与连结的需要；
- 建立植根于非暴力沟通精神的友谊；
- 在非暴力沟通的目的与意识上得到启发和提醒；
- 通过教学、分享或带领非暴力沟通来服务于生命，为社群做出贡献。

若一个人想要组建小组，可以邀请人们一起观看马歇尔·卢森堡博士的非暴力沟通视频，比如"让生命更加美好"。告诉大家你对非暴力沟通和组建学习小组有着怎样的兴趣。将《非暴力沟通》（修订版）以及本手册作为小组自学的资料介绍给大家，这样他们可以学习视频中展示的技巧。

有许多人对培养和实践非暴力沟通意识感兴趣，练习小组也相应地有多种运作方式。在这里和"带领人指南"中都有协助你进行尝试的建议。如果你愿意和过去的"一贯做法"有些不同，也许能更好地满足小组中个人与团体的需要。请记住，关于如何运作小组，组员可能会展开有关框架的讨论和持有不同意见。个人对这种现象越接纳，就表示每位成员越能坚定地选择参与到这一过程中。有些人会意识到这一过程也是重要的学习。一个团体越是持久地保持与非暴力沟通原则的连结并精进技能，就越有能力共创令彼此满意的结果。

若要匹配本手册的课程大纲，可以考虑成立 5~8 人的小组，在 14 周的时间里，每周碰头一次，每次 2.5 小时（见"注意"）。你们还可以组织一次预备会议，让彼此有机会相互认识，对流程结构和使用的材料（书与本手册）达成共识。在第一次会议中，还可以一起阅读本手册的第一部分"使用本手册"以及第三部分"一起练习"中的第一章到第六章的内容。

> **注 意**
>
> 推荐进行 22 周的练习，团体可以在完成大纲的基础学习后多安排 8 周的练习时间。另外，成功的团体有的多达 12 人，少的则只有 4 人，时间上有的两周见一次面，或者每次两个小时。

"轮流带领练习小组"可以作为一个团体架构来搭配本手册使用，这会带来包容性、参与的平衡性以及社群属性。成员可以轮流担当带领人的角色，这样每个人都有机会做出贡献、练习带领、教学以及引导团体。也就是说，每一位成员都是带领人，都对团体的繁荣发展负有责任。每个人都要完成定义以及实现团体目标、性质和方向的任务。

　　小组里若有非暴力沟通培训师，也可以邀请培训师来带领小组会议的某些部分，小组可因此受益。通过这样的方式，组员依然是小组的主体，并轮流担当带领人角色，同时借此机会练习向嘉宾提出清晰的请求的艺术。

第二章

☑ 谨记目的，从容练习

当选择参与社群作为学习的历练时，就意味着我们不仅会获得与人连结所带来的美好与力量，也会感受到互动中因需要未得到满足而带来的痛苦。为了充分体会过程中的喜悦与痛苦，并从中有所收获，我们可以尝试这样来做：

1. 找到一些方式提醒大家在一起的目的。

例如，可以这样清楚地分配你的时间与空间：

（1）借助阅读、烛光、音乐、故事、保持安静、颂钵等方式为每次相聚创造有意识的开始与结束。

（2）设置一个"中心装饰物"（画、鲜花、诗歌等），提醒我们每个人的内在都有一个地方，在那里有着无尽的慈悲之心，没有"我"与"他人"的分别。

你也可以经常创造机会来表达感激（向自己、生命、他人、彼此以及团体等）和庆祝大大小小的奇迹与成功。

记住，要花时间慢慢来

2. 花时间慢慢来。

当我们从心而发来讲话时，改变的是已经伴随了我们一生的习惯。我们能否欢迎自己和他人在这个过程中出现结结巴巴、磕磕碰碰以及不知道该如何做的状况？因为这表明我们正在用有意识的表达取代自动化反应。如果我们用下列问题来问自己，就一定需要更多的时间来组织语言：

· 此刻我真正在对什么做出反应？

- 我在此时开口说话，背后的意图是什么？
- 此刻我的内在有怎样的感受？
- 当下的愿望背后有怎样的需要？
- 我是否向他人提出了具体的请求？

我们可以鼓励大家放慢节奏，例如：
- 让人们有静默的时刻与自己连结。
- 在活动的某些环节，使用发言棒。对于拿到发言棒的发言者，小组所有人要带着关注静默倾听并且不给他施压进行催促。一般来说，可以让发言棒不受干扰地朝一个方向依次传递。拿着发言棒的人可以选择是要说话，还是沉默地握着发言棒片刻，然后一句话也不说，继续传递。
- 下一个人表达前，先把上一个讲述者的话重复、转述，或翻译为非暴力沟通的语言。当小组里有一个人或多人感受到情绪波动时，这样的做法就会特别有用。小组可以在共学过程中作为练习安排一些时间用这样的方式来互动。这也是一个训练倾听能力的有效方式。
- 当上一个人讲述完时，做两个深呼吸后再来表达自己。

> **练 习**
>
> 3. 自学者可以怎么做？
> 　　和小组练习一样，作为有意识地练习的一部分，对你个人来说，记住目的并且慢下来是同样重要的。当你在回应家人、朋友和同事时，请记得从容一些。

第三章
☑ 带领练习小组

当每个人以独特的方式带领活动时，也给了自己服务于他人与自我表达的契机。带领是轮流的，所以每个人都可以不受拘束地试错并探索不同的带领风格。有人偏好严谨，有人偏好轻松，组合在一起可以为团体带来平衡与多样性。

带领人用以下四种方式服务于团体：

1. 维护小组宗旨可以通过创造空间、提醒大家慢下来、将表达感激纳入流程等方式。

2. 了解小组在练习以及后勤方面的需要。

3. 安排架构（活动的行程等），引导小组流程。

4. 多花一些精力熟悉当周的课程大纲（或涵盖的材料内容），进而支持那些对内容不熟悉的成员。

带领人可以用各种不同的形式来实践上述四种方式，支持小组。有经验的带领人可以充分发挥自己的能力，小组也能从他们的技巧、洞察以及过往的错误中受益。初次进行带领和引导的成员，可以将下面"带领小组的建议与示范"作为探索与尝试的参考指导。当我们植根于需要的意识时，就能不断提醒自己：带领小组既没有所谓"正确"的方式，也没有什么"错误"的方式。只有（今天、上个月）我的方式、（上周、去年）你的方式、满足的需要、未满足的需要……

带领小组的建议与示范

以下所列出的建议与示范主要针对 2.5 小时的活动。

在你第一次带领时，可以参考以下建议，并可以将其记录在另一张纸上：

·当你完成所建议的任务时，记录下来；
·写下替代方案（如何以不同的想法和做法，回应相同的目标）；
·简记你在特定环节准备要说的话；
·或者安排你自己的方案。

活动前

1. 阅读相应章节并完成书面作业或者阅读小组活动决定要学习的材料。

2. 为活动制订计划，包括内容、时间和方式，或参照下面列出的示范。

活动当日

1. 准备场地。

提前 15 分钟到达场地，把椅子围成圆圈，让每个人都可以相互看到。如果有饮料，提前准备好杯子、茶叶等。如果在圆圈中心使用装饰物、挂图等，要事先放置好。在大家都能看见的地方放个时钟，也许会有帮助。

2. 问候。

在每个人到达时——问候，予以欢迎。

3. 与自己连结。

当你准备开始时，花 30 秒与自己的内在连结："此刻我的感受和需要是怎样的？"将这次你为了带领所做的准备和安排与你行为背后的目的相连结。用片刻的时间全身心地体会自己。

4. "记忆"。

让大家聚集在一起，花一些时间让大家相互认识，记住"我们是谁"以及了解"我们为什么来到这里"。无论是季节更替还是发生在海外的轰炸事件，专注于任何能激发你与生命发生连结的事情。

5. 开场白。

邀请大家通过"签到"环节分享当下的状态。或者邀请小组中的每个人来回答这样的提问："本周你收获了哪些与非暴力沟通有关的洞察与经验呢？"或"你想要分享一下本周的庆祝吗？"说明你为这个环节计划的时间以及你希望每个人用于分享的大致时间。按照一个顺序（顺时针或逆时针）来进行。邀请大家将注意力放在每一个分享的人身上。可以用一个发言棒这样的物件或者设计一个词、声音或身体动作来提示一个人的表达结束了，下一位可以开始表达了。提醒大家在表达时与他们的感受和需要相连结。

例如：

"我想在活动开始前，邀请大家轮流分享。一共用20分钟的时间，每人大约3分钟。我会先开始，然后按顺时针顺序传递'发言棒'。让我们练习在表达的时候与自己的感受和需要相连结。当拿着发言棒的时候，你可以选择说话或者享受静默，并在结束时将发言棒传给下一个人。"

> **注 意**
>
> 在一轮的分享结束后，如果你感知到有人在分享了自己的脆弱后依然带着强烈的情绪，你可以对此做一些回应，肯定讲述者的表达，同理他们的感受与需要，分享你的真挚反应。

在进入下一步前，简单说明接下来的活动安排。

6. 为第一个学习或练习环节安排约 45 分钟（可能会在活动开始半小时后开始）。

7. 如果有需要，可以在活动期间安排短暂的休息时间。

8. 再安排大约 45 分钟开展第二阶段的学习或练习环节（使用"带领人指南"来规划学习或练习活动）。

9. 进行反馈，表达感激，结束（计划 20~30 分钟）。以轮流分享的形式结束。你可以邀请大家保持片刻的安静，让大家的心思从学习或练习活动中沉淀，鼓励他们觉察内在可能出现的感激之情。同时，连结你自己对于有机会通过这样的方式来服务于团体而激发的感激之情。

当你再次发言时，邀请大家对今天的活动给予反馈。如果提出这样的请求时你感到焦虑，可以试着表达你的感受和需要，以及任何能满足这些需要的请求。

正式结束小组活动（可以选择用语言、音乐、静默、诗歌、拉手或其他任何方式）。

10. 结束后的细节：

（1）确定下一次活动的带领人以及其他细节安排。

（2）趁着对活动的体验还记忆犹新，请每个人花 5 分钟填写"个人反馈表"（见附录 5）。

（3）清扫、整理、告别、离开。

活动后

花一些时间问自己在带领中喜欢什么、不喜欢什么，以及下一次想要采取哪些不同的做法。阅读大家写给你的反馈表，在个人反馈表的背面写下你的经验反思。

如果你感到自己需要得到一些同理理解，不妨联络一位可以好好倾听你的朋友。如果你的难过情绪与小组中某个人的表达或行为有关，想想要如何做才可以既保护小组成员彼此之间的信任感，同时又照顾到你在同理倾听和支持上的需要。

如果你对带领感受到欢欣雀跃或自豪，记得肯定自己的成长与成绩。你也可以在下一次的小组活动开启时与大家一起庆祝。

第四章

☑ 带领人被看重的特质

来自西雅图的 30 位非暴力沟通实践者一起讨论了这个话题："什么是我希望在小组带领人身上看到的？"以下是讨论的总结。如果你即将带领小组，下列内容可以用来提醒你哪些是参与者看重的带领人特质。你也可以在活动结束后，参考下列内容，向参与者听取有关带领的反馈。但不要将自己与范例中的带领人做比较，这样的人并不存在。

- **希望带领人能注意安排时间和计划进度。**

"她会保持注意力，在被打断时带我们回到主题上。她会准时开启活动并做好计时。"

- **希望带领人能平衡任务导向和对过程的关注，不仅提供清晰的架构，也能够根据需要灵活调整。**

"他完成了议程，但又没有牺牲对当下的关注。他保持临在与稳定，并确定了一个营造积极氛围的基调。""她灵活把握过程和结构，以满足每个人的需要。"

- **希望带领人是团体的服务者。**

"他热切了解我们的需要并对反馈做出积极回应。他看重团体的需要。"

· 希望带领人关注小组动态。

"她善于观察小组中的每一个人以及成员间的互动。她协助引导过程并鼓励小组,却不主导或'占有'小组。她知道如何帮助小组前进,也知道如何让小组暂停行进。"

· 希望带领人对团体安全的需要有所觉察并创造一个强调包容性的空间。

"他鼓励每一个人积极参与其中并确保他们都有机会表达和被倾听。他维系小组的平衡,以防个别人主导小组。""她维持一个心理安全的场域,吸引在场的人充分参与,使他们感到自己有能力自我表达和做自己。"

· 希望带领人体现出慈悲心。

"他很开放,有同理心而且很耐心。他仔细倾听而不带评判。"

· 希望带领人很有趣并能让带领充满乐趣。

"她很幽默和轻松。"

· 希望带领人展现谦卑,愿意承认自己的局限,并有冒险的勇气。

"他展现脆弱,承认自己的局限与恐惧,并能寻求帮助。他有勇气承认自己所不知道的,愿意走出舒适区。"

· 希望带领人准备充分且信守承诺。

"他制订共学计划,善于组织,并认真信守作为一个带领人的承诺。"

· 希望带领人能帮助我们回到用非暴力沟通的方式来表达自己。

"她帮助我们清晰地听见彼此的感受和需要,特别是在冲突发生时,让我们能持续处于非暴力沟通的过程中。"

· 希望在带领人身上看到的品质还有:

清晰、真实、诚实、创造力。

第五章

☑ 制定规则

为你的学习小组制定一套规则，不但可以节省时间，还确保达成共识。如果想为你的练习小组或组织制定规则，可以尝试下列练习：

1. 规则是满足需要的策略——探索和表达规则背后的需要。
2. 问一问自己："这个规则是请求还是要求？"（请留意规则中是否有"应该""必须""就是这样"的想法）

对于定期学习的小组来说，不断交流感受、需要和请求，要比强调规则更能带来满足感，特别是当规则并不是来自小组基于需要的探讨时，更是如此。当遇到选择"打破规则"的人时，规则有时会使我们倾向于评判和指责。因此，当有人"打破规则"时（例如缺席活动），除了缺席会触发的感受外，我们还会额外地感到规则未被尊重所带来的痛苦。

若对于某个需要有强烈的焦虑，例如保密性，与其指望每个人都同意"保密原则"，不如尝试这样去表达："我担心自己会被人误解或别人看待我的方式不是我想要的。当我在小组里分享自己的生命故事时，我害怕有人把我说的话传出去，让别人对我有错误的印象和看法。我想要听一听，你们是否也有这样的担忧呢？"

我们也可以请求花一些时间来探索会触发恐惧的特定情形，例如在当事人背后谈论他，我们想要满足什么需要，是否有其他方式来满足这些需要？对于谈论他人的意图，我们是否能够培养出更深的觉知？在谈论他人的时候，我们如何支持彼此来活出我们的意图？随着学习的持续前进，我们怎样了解人们对此的舒适度？

有些规则因为与一些特定策略相关，有可能会产生阻碍，以致不利于我们培育能带来转化的心灵空间。只有当我们的心有所转化，才会发生奇迹。我们可以体验到，当深刻地认识到我们拥有无穷的策略可以满足所有的需要时，下一分钟，我们就能愉快地放下自己认为"必须拥有"的东西。

　　诚然，规则与法令在我们的社会中扮演着重要的角色。作为非暴力沟通实践者，我们可以在遇到它们时将其一一进行翻译，尽可能清晰地听见其背后的需要。更为重要的是，当我们选择以遵循或者不遵循规则的方式来行动时，则须努力与选择背后的需要保持连结。我们清楚地知道，在一个非暴力沟通社群中，如果有任何人将规则视为要求并且痛苦地选择"遵守规则"，所有人都要付出代价。

第六章

☑ 邀请反馈

清晰和准确地了解我们的言行会如何影响他人，不仅有助于个人成长，还能提升有效沟通的能力。非暴力沟通强调，我们为自己的感受和行动承担责任。因此，要清楚地知道：我们的言行无法"令"他人产生感受或做任何事，感受来自人们自己得到满足或未被满足的需要。

然而，我们也须知道，每个人都拥有无尽的力量可以影响他人拥有（或者失去）幸福。如果我们以喜乐之心为他人和自己的幸福生活做出贡献，我们就会珍视来自他人的反馈，因为这让我们了解我们想要贡献的意图是否实现。胃胀是对身体吃了大餐的反馈，快递员的微笑是对为他们开门的反馈，我身后传来的汽车喇叭声是对我倒车出停车位的反馈。

大多数人喜欢听到的反馈是肯定我们的行为做出了贡献，而对于"负面"的反馈，如果我们选择把听到的回应当作评判、谴责或要求，则并不是那么想听到。然而，胃胀并不是对大餐的评判，不是谴责自己暴饮暴食，也不是要求自己从此不再如此放纵。如果我们能记住，自己永远拥有选择的力量，而反馈无法"令"我们改变做法，那么我们或许能以欣赏的视角将反馈当作珍贵的信息，帮我们更有效地做出决策。选择倾听他人的目的是理解他人的处境，绝不意味着认同或与他人保持一致。这是出于有意愿和人们建立连结，为了能更准确地理解人们当下的状态。

在非暴力沟通练习小组中，我们都承诺一起来提升同理、连结以及沟通的能力。若你看重反馈，练习小组会是一个黄金宝藏。确保在每次活动结束前留一些时间用于反思、相互感激和反馈。附录 5 和附录 6 是一些练习小组会用到的"个人反馈表"和"团体反馈表"。

第七章

☑ 团体中的冲突

在一个团体里工作和学习时，情绪被触发是我们会遇到的挑战，同时也是丰富我们的一个机会。在团体里彼此相处一段时间之后，大多数人可能会经历某种程度的张力与冲突。当我们感知到冲突时，最重要的非暴力沟通任务是去觉察感受与需要。带着这样的觉察，我们可以有意识地做出选择，用一种尽可能圆融的方式来满足我们的需要。

我们可能会在其他团体里无意识地压抑或忽视自己的感受，而在非暴力沟通团体里，有时又会对发生的不愉快产生应激反应——将自己在被触发时发生的每一个困惑、烦恼和愤怒的感受都向团体成员表达，并假设这就是"非暴力沟通的方式"。当我们初次体验到连结自身的需要时，可能会很兴奋，然而我们或许会忘记，从长远来看，我们不能以牺牲他人的利益来满足自己的需要。冲突肯定是有好处的，但我们仍然需要对时间、冲突的大小以及转化冲突的能力有所评估。一个成熟的团体或许能够从容应对冲突，而若是提前几个月发生则可能会让成员感到压力。我们还需要记住的是，如果未解决的冲突导致团体成员离开或者团体解散，这也是练习非暴力沟通的关键时刻（参考下文的第 11 点）。

以下这些冲突或让团体成员感到不满的情形在非暴力沟通练习小组中很常见。引言直接来自团体参与者，随后的评论以常规字体呈现。如果你正经历以下提及的任何艰难情境，可以利用这些引用的表述来帮助你连结自己的感受和需要。以下内容也可用于在你的小组中开展角色扮演或进行实时对话练习。

1. 面对女性、男性以及他人的不同之处

"有时候,当女性在团体里说话时,我会感到恼火,因为我也希望能达到同样程度的理解,希望能捕捉到女性之间才能体会到的那些细微之处。我害怕自己错过对话中的关键。我想要充分地参与,我希望我是谁以及我所知道的能够被听到和接纳。"

这位男士表达了对包容的渴望,这是我们在参与任何一个团体时都很重视的价值。也许他可以问问自己,观察到了什么使他认为那些女人能明白某些事,而他却听不懂。他是否留意到一些女性成员间的眼神交流?是否有一些笑声令他感觉不悦?通过分享自己的观察,他也许可以帮助女性成员对自己也没有意识到的一些行为有所觉察。更重要的是,他还能就此表达感受与需要,并寻求女性成员的同理倾听。如果他能够确保女性成员们理解并关心他的孤独、烦恼以及包容的需要,那么即使有时他搞不懂她们之间的幽默时刻,也还是能体会到连结和接纳。

在一个团体里,如果我们认为自己是"少数派",我们可以在表达需要后提出具体的行动请求,支持自己包容或尊重的需要。例如,"你是否可以不用'性别歧视'这样的字眼来描述让你反感的情况?"在一个多元化的团体里,我们对包容的需要仍然可以得到满足,即使我们从来无法"理解"那些有着相同背景的多数人所"理解"的东西。重要的是,我们能否信任并确保团体中的大部分人(也可能只有一个人)可以听到我们的痛苦,并切实关注我们想要被包容、接纳以及尊重的需要。

2. 练习 vs. 讨论案例

"让我感到烦恼的是,每次我们决定了要做角色扮演,结果却总是变成讨论案例。我不明白为什么会变成这样。"

在团体里公开承认这一困扰之后，我们可以一起来回顾第十一章"关于组织角色扮演的建议"中的内容，确保每个人都清晰角色扮演的目的和流程。如果团体依然在继续讨论案例而没有开展练习，则很有可能当事人正身处巨大的痛苦之中，在角色扮演前需要得到更多的同理倾听。如果是这样，我们可以利用这个"非现实的情境"，让当事人从另一方那里得到同理倾听（见第十一章"关于组织角色扮演的建议"的第 2 点），或者暂停角色扮演，切换至同理倾听练习（见第十章"关于组织'同理倾听'活动的建议"）。

下面是一个针对这种情况做出回应的示范：

"我们担心大家只是在讨论案例，而不是在做练习。如果你能先得到更充分的倾听和理解，再来进行角色扮演，你看是否会有帮助呢？你愿意放松地进行一次同理倾听练习，让我们聚焦于倾听和反映你在当下对于这件事情的感受和需要吗？"

3. 计划安排：紧还是松？

可能会发生下面这些事情：

- 有成员迟到；
- 然后相互寒暄；
- 带领人在原定计划的 20 分钟后才开始"签到"环节；
- 人们针对不同的话题分享想法与观点，有的与非暴力沟通有关，而大多数毫无关联；
- 分享的时间过长（比我愿意听的还多），我没有兴趣听下去；
- "签到"环节花了 45 分钟；
- 带领人似乎总是跟随着别人（似乎我们想谈什么就谈什么）。

"我感到恼火，因为我想将时间花在非暴力沟通的练习上。"

讲述者很看重团体时间，希望能让它服务于团体成立最初的目的——练习非暴力沟通。在向团体表达之前，他可能想要阐明自己对于"练习非暴力沟通"的理解，并对其他成员的看法保持开放态度。在表达了自己的困扰与需要并得到了同理倾听与理解之后，他可以听其他人讲如何体会他所提到的触发因素。他也许会发现，迟到的人也可能对自己的迟到感到恼火和沮丧，或为什么会有人对45分钟的签到分享环节的喜欢程度要多于其他活动。或许持续开展"反思环节"（见第九章"团体互动的形式"），让所有与之相关的需要和感受都被听到，然后再来探索解决方案，会有所帮助。如果在讨论最后达成了约定，可以再做一轮反思分享，所有人可以就该约定表达自己的感受，并谈一谈同意约定满足了自己的哪些需要。

4. "即时"互动 vs. 计划中的练习，在进入"充分表达愤怒"的章节之前就先发怒，以及更多关于计划的内容

在"组建一个练习小组"这一章中提到过，尽管所有成员来到这里的理由根本上是相同的，但人们对团体体验的不同方面持有不同的价值观。有人看重"即时"互动，有人则希望聚焦于通过角色扮演、练习、完成任务等方式进行实践。许多人就像下面的讲述者那样希望能平衡和融合两者。

"在签到环节，有时听到人们表达痛苦时，我会感到焦虑与纠结，因为我既希望能花一些时间来同理倾听，也希望我们尽快完成签到环节并进入原本计划的后续练习环节。"

团体公开承认这是一个持续发生的矛盾，是有帮助的。随着团体对非暴力沟通掌握程度的加深，这样的矛盾会引起不同的回应。我们戏称这样的问题是在进入"充分表达愤怒"的章节之前就先发怒了。在还没有学习非暴力沟通的流程（两部分与四要素）前，将

针对实时发生的情况所做的互动仅限于特定的环节（例如签到）会有所帮助。这样可以确保团体将时间花在练习和学习非暴力沟通上，而不是讨论观点、过往的经验、理论以及个人处境上。在学完基本流程后（第八周时），就可以在小组互动里引入同理倾听环节。若成员对非暴力沟通的掌握程度更高，就可以加入更多未经安排的、即兴的非暴力沟通互动环节。

在任何一个团体里，我们常常会发现有的人希望有更多的计划，而有的人希望计划少一些。如果我想要更有计划性（即想要多做一些设计好的阅读和练习），那么进行更多具体的表达会有帮助。例如，在完成小组活动后表达感激，说出计划性的练习给自己带来的益处。同样，如果喜欢少一些计划，也可以有意识地指明自己在哪些即兴互动的机会中受益。

5. 执行团体约定

"让我恼火的是，我们约定在每次共学结束前花一些时间进行反馈，但实际上带领人只有两次准时提醒大家这样做了。我希望我们约定好的事情能得到执行。"

如果可以清晰地知道，自己在定期反馈这件事的背后看重的不仅仅是可靠性，还有学习与连结，那么当事人可以和小组分别解决这些不同的需要。像往常一样，她会希望自己能够被倾听，并知道自己的需要被理解了。接着，其他成员可以分享他们对缺少反馈环节的体会。然后可以用同样的方式再来处理缺乏后续跟进的问题。当每个人对于每个问题的感受和需要都被听到之后，小组就可以开始制定策略和解决方案。

6. 我们希望他人也能和我们一样，对小组学习投入精力和遵守承诺

"看到有的人缺席了 3/4 的时间，在共学前也没有阅读或完成作业时，我感到恼火，因为我希望看到学员能够投入更多的承诺并做出他们的贡献。我希望小组成员可以言出必行，并且花精力支持彼此。（另外，我感到困惑并想要搞清楚的是，为什么有人对小组练习参与得很少，却依然希望留在团体里。）"

我们很容易在未与当事人确认前便假设他们的缺席和不做准备意味着他们缺乏兴趣。成员的缺席很可能会触发人们心中的挫败感、自我怀疑与怒火，特别是当大家都在努力地遵守承诺时（因为人们的需要并非都能在团体中得到满足）。如果暂停下来，去了解一下他们的缺席是否与某些需要在团体里或者其他状况下未能得到满足有关（因而失去参与的热情），我们很有可能会收获到这样一些不同的回应：

"即使我每个月只能参与一次共学，这个团体对我来说也依然很重要。我在这里得到的支持与学到的东西，使我在疯狂忙乱的生活里有所依靠。当我下班后开很长时间的车来到这里，我已经精疲力竭，没有了能量。我知道这听上去有些疯狂，但我真的很想告诉你们，哪怕就是吸取在这里感受到的平静与慈悲，已让我感激不尽。关于作业，我一直有点不好意思说，我不是一个读书人，我的意思是，我不怎么读书，我不是通过读书来学习的。但我几乎能记住我听到的所有内容，仅仅是聆听你们在这里所做的练习，就对我帮助很大。我能够理解你们希望每个人都投入进来，而我也想尽自己的一份力量。即使我在完成工作调动之前无法参加每次共学，我也想知道我可以做些什么来对大家有所贡献。"

或者，你也会发现确实有人对参与小组活动提不起兴趣，面对

这样的情况，我们可以快速提醒自己："这并非关乎我们，而是关乎他们的需要。"——他们有一些需要或许在其他地方才能得到满足，或者他们有一些需要在这里还没有得到满足。

7."支配型"成员

"几乎每个星期我都会看到有两个人比其他人表现得更多。有一次，当一个人刚开始表达时，我便听见他们用更大的嗓门开始说话，盖过了他。我感到失望，因为我希望每个人都有公平的机会来表达和被倾听，我想向所有人学习。"

许多人都有这样的体验，有些人的发言超过我们愿意听的程度。当感受到恼火与无助，当我们对于相互交流或连结的需要无法得到满足时，我们可能会对这样的人贴上"霸道""反应迟钝""让人筋疲力尽"等标签。在《非暴力沟通》（修订版）"同理心的力量"一章中，有一节专门向我们展示了如何打断讲话者，而非假装继续在听。

在练习小组中，我们可能会对讲述长篇大论的人感到不适，即使我们喜欢这个人说的话，因为我们更看重公平参与。然而，那些被他人视为"话痨"的人却并不一定意识到自己的行为属于这一类情况，因此，他们可能更需要获得明确的反馈。例如，在大家已经感到不适并且希望由下一个人来分享时，可以举手示意。也可以考虑在流程里做一些设置以保证更多的平衡，比如通过轮流分享或使用发言棒的方式（见第九章"团体互动的形式"）。我们还可以尝试使用"说话游戏币"。每个人获得相同数量的代币，每发言一次就花一枚代币。

8."使用非暴力沟通"阻碍了连结

"有时，当见到人们鹦鹉学舌般地'使用非暴力沟通'时，我感到恼火，因为我渴望真诚的连结而非使用的正确性。"

当我们发现对方在说话时套用非暴力沟通的公式而非灵活应用时，建议把非暴力沟通的概念牢记心中，与自己保持连结。再次提醒自己，任何形式的愤怒（恼怒或烦恼）大多来自"应该"的想法。尽管这样的想法并没有"错"，但当我们将其翻译为想法背后的感受和需要时，则更有可能体验到我们渴望的真诚连结。

如果我们认为自己的感受是由他人的行为造成的，例如"因为你在套用公式，所以我感觉很烦"，我们就会更容易陷入烦扰和冲突中。一个有益的做法是，审视一下自己恼火时的感受是否来自认为"真诚的连结'应该'是……"这种想法。慢慢深吸一口气让自己回到内在，花一些时间搞清楚自己的内心深处在发生什么，这样，你才能够更多地打开自己，倾听他人是如何看待"真诚的连结"的。实际情况很可能是，说话的人同样看重真诚的连结，并且在依赖这个公式建立连结。

如果你认为自己接收到了"公式化的同理"而感到难受，可以这样向对方表达："我知道你在有意识地努力同理我。而我觉察到自己很难处于当下这种状态，我想要的是我们之间更深层的、真正的连结。你愿意和我一起尝试用不同的方式表达你刚才所说的话吗？我现在很想要听到的是……"或者，你也可以向对方提出一个清晰、可操作的请求，请对方诚实地表达此刻内在的真实状态。慢下来，记得你希望传递出来的能量，以及你渴望得到对方发自内心的回应是由衷的且无须担心后果。

很多时候，在不确定的时刻，那些练习非暴力沟通的人会把其步骤当作实实在在的路线图，据此一步一步地指向他们的心之所向。若我们愿意听见和看到对方的意图，而非聚焦于其僵硬的尝试，我们也许会发现，我们彼此的心都有着同样的意图以及同样对连结的渴望。

9. "不错但很无聊"的活动

"我们的活动通常会给人'不错但很无聊'的感觉，对此我感到失望，我对于真诚连结的需要无法得到满足。"

很多时候，只需有一位成员在小组里分享"真实"，就可以为小组氛围带来更深层的亲密与真诚。如果我们愿意成为这个人，可以先考虑如何表达自己的需要，然后再询问其他成员是否愿意倾听我们想冒险分享的内容，以及什么时候、希望我们用怎样的方式分享。

或者，我们可以发起相关的对话："回想过去四个月的活动，似乎没有触碰到任何可以引发强烈感受的问题，我感到有些失望。我希望我们的连结能够更深入、更真诚。能否听听每一位伙伴在这方面有什么自己的体会？"探索一下大家是否因为害怕而无法开放地分享，特别是要探索这种害怕背后的需要。花一些时间同理倾听每一个人，然后再尝试决定小组要如何改变来回应真诚的需要，以及其他表达出来的需要。

10. 孤独的异议者

"有一个人不愿意顺应我们所有人的做法，并说自己只愿意按照某个特定的方式练习。我感到担心，因为我看重合作以及能照顾到小组中的大多数人。当看到小组花了许多时间和精力来处理一个人的诉求时，我开始感到厌恶，因为我希望把时间花在课程上，也希望能享受到更多欢乐与和谐的小组氛围。"

在这种情况下，小组中的一位或多位成员可能会感到特别难过，因为我们不断被提醒，满足每一个人的需要何其重要。有些人会害怕采取自己所谴责的行为，例如"大多数人的专制""对他人污名化"等。纠结于是该服从一个人的意志还是以令自己厌恶的方式维护多数人的权利，我们可能会因此感到压抑、无力和挫败。

我们需要在这里做一个大大的深呼吸来释放情绪，并且提醒大家回顾一下需要和满足需要的特定策略之间的区别。（回顾非暴力沟通中需要和请求的区别。请求包含着我们希望满足需要的策略。）我们是否可以暂且放开解决问题，聚焦于培养团体的同理心和连结，并相信当人们的心彼此连结时，解决方案也会自然浮现？要想建立真正的连结，需要我们分享挫败感：当我们在困境中看不到出路时是多么无助，我们对包容和尊重是多么重视，我们对每个人的需要都得到满足有多么在乎……然后再来邀请他人表达自己被那个特立独行的异议者所触发的感受和需要。

小组中产生的分歧所带来的这份痛苦，如果能够得到彼此的同理倾听，我们就可以准备好带着心中的连结与慈悲，重新再来探索原先的问题。我们可能会同意尝试一些新的策略，或者达成共识：某位成员可以加入其他的学习环境，这样可以最好地满足所有人学习的需要（见下面第 11 条）。我们会发现，我们能够离开彼此而不切断连结。个体虽然离开，但我们的心中依然有彼此。

11. 当有成员离开或整个小组解散

当一个小组的某个成员离开或者小组解散时，人们大多会感到难过，并把这一切看作失败，从而引发指责与自责。这也是练习非暴力沟通的关键时刻。记住，对于如何结束一段关系，我们可以做出有意识的选择。敞开心扉认可彼此的不同，承认内在的痛苦以及未被满足的需要，花时间充分地同理倾听彼此，并且对彼此在一起的时光表达感激，我们就可以庆祝分离。我们可以在为失望哀悼的同时，依然真诚地祝福彼此走上不同的道路。我们要做的是彼此敞开心扉，并且选择不同的方式来满足我们各自对学习、社群等的需要。

12. 学习程度不同的参与者

对于那些由新人及有经验的学习者组成的混合小组来说，一定会产生一些矛盾。认识到这一点会有所帮助。有经验的学习者已经见证了非暴力沟通的美好与力量，并深受启迪。根据他们自身的经验，他们已经知道要如何避免那些常见的社交行为里的陷阱，例如分析、恭维、讲故事、同情、诊断等。看到小组里有这些行为发生时，他们很可能会感到担心与挫败，因为他们希望学习和练习的方式能反映出非暴力沟通的原则与认知。而当他们向其他成员提出建议时，很有可能由于自己的表达无法被新学员理解或欣赏而感到更加挫败。实际上，他们注意到，这可能会因此引发小组里某些人的不安全感和抵触情绪，特别是那些努力主持特定会议的团体带领人。

为使小组学习更为受益，学习程度不同的小组可以邀请那些有经验的学习者来带领团体，至少可以带领前八章的任务（届时，所有的参与者都已经学完了非暴力沟通的基础）。这也让有经验的学习者有机会应用他们的非暴力沟通技术，并以最有可能获得他人嘉许的方式来服务于团体。

以下是两段对话，都是和有经验的非暴力沟通学习者有关，他们和新学员处在同一个练习小组中。第一段对话发生在一位"老学员"与他的朋友之间，这位朋友也是有经验的学习者，但与"老学员"并不在同一个小组中。另一段对话发生在这位"老学员"与小组里一位刚刚接触非暴力沟通的初学者之间。

老学员与友人之间的对话

老学员：我有好几次在练习小组里都感到很烦恼……

友人：喔，是因为小组里的新人吗？

老学员：是的，有两三次我看到有些情况发生后说"如果用非暴力沟通的方式，你应该这样说……"然后我得到的回应是"别告诉我你要怎样做，我就是希望用这样的方式来做。"

友人：我看到你感觉有一些烦恼，是因为……

老学员：是的！我已经学习和练习非暴力沟通两年了，我也犯过很多错误，现在至少比刚开始时有了更多的理解和洞察，所以我希望能够分享这些，将我的所学贡献给小组里的初学者……

友人：你感到难过，因为你想以这样的方式做出贡献的需要没有得到满足？

老学员：是的……我感到难过。同时，我也感到愤怒。

友人：愤怒？因为你听到他们对你努力提供帮助时做出的回应？

老学员：是的，我意识到我确实感觉有些愤怒……我猜这意味着我的脑海中一定有一些"应该怎样"的想法。

友人：那不如探索一下这些"应该"的想法？

老学员：是的，"应该"的想法……让我们来看看。我猜我的想法是："他们应该听我说，应该相信我，应该能看到我的意图并且知道我说的会帮助到他们。"

友人：嗯，所以将这些"应该"的想法翻译为需要的话……

老学员：（静默片刻后）是的，我渴望做出贡献，也许还有被信任，以及被真正地理解。（长时间的静默）

友人：你还感到愤怒吗？

老学员：嗯……不了。我猜我还感到……受伤。

友人：你感到受伤，因为你希望自己的初心被看到和欣赏是吗？还有你所给予的能够被接纳是吗？

老学员：是的。我希望被接纳、信任和欣赏……（与自己的内

在感受相连结时静默片刻）

友人：我猜你是不是还感到有些挫败，因为你希望以一种更能被理解的方式传递初心？

老学员：是的，我对自己感到失望。我希望能更有效、更有能力地应用非暴力沟通的语言。我希望得到一些确认，在学习了两年后，当我在表达自己的意图时可以被理解。

友人：或许你现在已经做到了。我理解到你想要表达的意思了吗？

老学员：是的，是的，你理解到了。

友人：那么，也许你可以对新人做同样的事情。我看到有一位你们练习小组的新人正走过来。

老学员：呃！

友人：呃？你是否愿意将此翻译为经典的非暴力沟通语言："我感到害怕，我希望能拥有更多自信，我对自己的请求是，走上前去试一试。"

老学员：呃……是的。好吧……

老学员与新人之间的对话

老学员：你好，我一直想要和你聊聊。在练习小组里，有好几次我建议你"为什么不这样用非暴力沟通的方式来说……"我听见你回答我说"不，我不想用这样的方式"或者"我怎么知道你说的对不对……"

新人：是的，当你告诉我们要怎么做的时候真的很烦人！就好像只有你知道要怎么做才对。没错，你已经学习了两年，但这不代表其他人就什么都不知道了。我的意思是，很多人都一直在练习慈悲心与沟通……是的，你可能知道一些东西，但我也知道其他的东西。

老学员：我听到你感到恼火，因为你希望以不一样的方式被回应，能够肯定你所学到的和所知道的以及你为之付出的努力，是这样吗？

新人：是的。我已经在尝试尽我的能力做到最好，当有人打断我并告诉我要用这样或那样的方式来做时，我真的感到很烦。我的意思是，我当然想学习非暴力沟通，所以我才参加了这个练习小组。我也想从有经验的人那里有所收获，但我不想别人告诉我是我做错了、你做对了，现在要做这个、做那个！

老学员：所以你希望能有所选择，听别人告诉你也许有另一种方法，并且给你选择的机会。或许你也希望自己的选择得到尊重，是吗？我的意思是，你不希望被告知"这就是对的方式，要这样做"？

新人：完全正确！谢谢，谢谢你！我现在意识到我将你的话听成了要求。类似于：这就是对的方式，如果不按照你的方式做，我就是傻瓜、老顽固、反抗者，还对你不服从、不尊重。

老学员：哇！看来你真的希望相信我提供的方式并没有附加条件……并基于你的学习风格或当时特定的学习需要，尊重你可以选择接纳或者不接纳我的提议，是吗？

新人：正是如此。如果我能够相信你在给予帮助的时候带着这样的意图，那么或许我能够更多地采纳你的建议……甚至有可能对此有所感激！

老学员：嗯，是的，我很希望是那样的。事实上，这也是我想要和你交流的。

新人：明白。我猜你感到难过，因为你真的很享受贡献，也希望自己提供的方式能够被欣赏。你愿意让一位新人给你一些同理倾听吗？

老学员：我当然愿意！并且……嗯……你愿意……让我教你怎么进行同理倾听吗？

第八章

☑ 拥抱冲突：提醒与建议

1. 慢下来，再慢下来。

2. 将自己安住于当下的感受与需要中。

例如：2秒前，当你在听别人说话时，你可能感到恼怒。此刻，当你想要表达时，你感到害怕……

3. 聚焦在同理倾听与连结上。

4. 请求帮助。

例如："你是否愿意帮助我明确地表达我的观察？"

5. 持续地同理倾听，直到每个人都确认自己的感受和需要被理解了。

6. 然后再来探索解决方案。

"我们如何看待事情未来会有所不同？我或者他人的行为是否能有所改变？"

7. 庆祝和平的到来。

肯定我们解决冲突的意图、勇气、耐心、坚毅、慈悲以及我们所做的努力等。提醒自己为什么做这样的工作以及此刻世界正在发生什么。

第九章

☑ 团体互动的形式

随着对话参与者的增多，人们之间失去连结的情况可能也会增多。在一个轮流带领的非暴力沟通小组里，要使讨论自由流动的唯一方针，就是每个人对自身的需要和价值保持觉知，不做道德评判，并且为满足这些需要承担责任。当然，为了成员之间彼此理解、清晰和连结，个人不仅需要他人来同理倾听自己，也要能同理倾听他人。

附录7是关于非暴力沟通的流程图，在使用非暴力沟通的两个部分、四个要素时，可用此图进行追踪。以下是几种团体互动形式，供小组练习时参考。

1. 轮流分享

轮流分享创造了空间让每个人都有机会得到团体的关注。发言者按一个方向轮流发言，结束后示意下一位发言。其他成员不对发言者做直接回应，不过，轮到发言的人可以对之前听到的任何内容做出回应。任何人都可以在轮到自己的时候选择不发言。偶尔也有这样的时刻，发言者会在下一位分享前选择接受来自团体的静默同理。

在开始轮流分享前，团体可以考虑明确以下内容：

（1）总共花多少时间；

（2）分配给每个人多少时间，如何以及由谁来提醒时间；

（3）确定每次分享的话题，例如"一件今天发生在我的生活中的有意义的事情""我对这个组织的愿景""一个关于非暴力沟通的体验或洞察""我作为老师遇到的挑战"，等等；

（4）发言者可以用语言或肢体动作来表明分享结束；

（5）确定每个人只轮一次，还是持续轮流，直到每个人都觉得没有更多要分享了。

2. 反馈式轮流分享

这是轮流分享的另一种形式。发言者在开始分享自己的内容前，先简要复述上一个人所说的话。如果感觉到没有被发言者充分理解，上一个人可以澄清或者重复自己所说的话。不过，这样做的目的是澄清，不要再加入更多内容。反馈式轮流分享有助于让团体的进程慢下来，并支持每个人的需要被充分倾听。

3. 发言道具

在圆圈中间放置一个象征团体互动的道具。任何想要表达的人都可以拿起它来"要求发言"。发言者也可以请求团体中的任何一个人对其需要做出回应。发言者在其他人回应时继续拿着这个道具，这个动作也是在提醒团体和正在讲话的人，此刻仍然是发言者以及回应发言者请求的时间。当发言结束后，须将道具放回圆圈中间，等待其他人轮流拿起。

4. 主持人或引导者

团体选出一个或几个人通过采取以下部分或全部措施来引导团体活动。

（1）决定轮到谁发言；

（2）运用非暴力沟通的方式反馈发言者所讲的内容，或请求某个人把发言者刚才所说的话解释一遍（支持大家听见彼此的感受、需要以及明确的请求）；

（3）引导讨论或插话，并且请求特定的成员做出具体的回应；

（4）阐明要点、决定和方向，以使讨论具有连贯性和凝聚力。

5. 反馈式自由交流

在自由交流的互动中，不会"设置次序"——我们相信每个人都愿意并且有能力表达自己的需要。但就像在反馈式轮流分享中那样，每个人在分享之前先简单复述上一个人所说的话，直到上一个人感到自己被理解。这个过程鼓励团体慢下来，认真倾听并理解每一位发言者之后，再继续下一个。

如果上一个发言者对反馈不满意，可以澄清自己的观点。这样做的意图只是去澄清而非在原有的表达上增加内容。如果上一个发言者与反馈者来回进行对话，这个过程就会陷入停滞。如果几次反馈都无法让上一个发言者感到满意，反馈者可以请求小组中的其他人来继续。当上一个发言者最终感到满意时，则回到反馈者，即原先的发言者，继续下去。

注 意

在团体中提出清晰的请求。

不论采取怎样的互动形式，发言者若可以觉知自己表达的意图，并且每次都能向团体提出清晰而当下可操作的请求，都将推动团体交流的进程。为帮助发言者明确自己希望从团体中得到什么，非暴力沟通提供以下建议：

1. 清晰点出你想要请求对方做出回应的一个人或几个人。

例：我想请杰妮和哈罗德告诉我……

例：我想知道有谁愿意告诉我吗……

例：我想请小组中的两位（三位、四位等）伙伴告诉我……

2. 阐明你所请求的具体行动。

例：我想请杰妮和哈罗德告诉我（具体说明希望他们告诉你什么）……

例：我想请在座的每一个人（指明你希望做出回应的对象），如果同意在下午 5 点结束会议（具体说明你希望行动代表什么意思），就请举起手来（具体说明行动）。

当请求多人来轮流回应你时，说明回应的次序会比较有帮助。

例：我想请每个人分享一下来到这里的理由，希望可以从我的左手边开始，顺时针轮流发言。

3. 当你的请求得到满足，可以让其他人来分享时，请示意。

例：我表达完了。

第十章

✓ 关于组织"同理倾听"活动的建议

"同理倾听"活动可以让参与者在有意义的现场情境中获得真挚、即时的同理倾听，同时为其他人在一个有结构性的非暴力沟通练习活动中提供清晰的角色。在创建你们自己的活动架构和指导原则时，可以考虑如下建议。你可能会注意到，随着你的团体经历数月和数年的成长，早期建立的（更严格的）指导原则可能会越来越让位于自发的流动。

在开始之前，考虑花点时间回到与心的连结：放慢脚步，让自己重新来到当下。一种方法是停下来，深呼吸，有意识地思考我们希望培养怎样的能量。由小组成员引导的视觉冥想、一首歌或者片刻的静默都可以提醒我们：我们的意图是保持同理心、慈悲心、清明，或体现出对所有人（包括自己）的尊重。这样可以帮助我们定下基调，并在我们专注于"准备好行动"的时候，让我们安住在心的能量之中。

1. 决定"同理倾听"活动的时长。你可以尝试安排15分钟的同理倾听，再加上5分钟的后续流程。

2. 决定在今天的活动中进行"同理倾听"练习的次数。如果成员比较多，决定什么时候再进一步组织"同理倾听"环节，以使每个人都有机会得到同理倾听。

3. 决定谁成为发言者。通常情况下，经历痛苦而紧急求助的学员会自愿参加。或者，也可以是还没有机会发言的人。

4. 提醒发言者分享的内容不要涉及小组中的任何人，并且尽量不要引发在场任何人的痛苦。

5. 向发言者保证，分配的时间都属于他。当有人打断发言时，打断者的意图不能是"抢走"发言权，而只能是反映并确保发言者的话被准确地理解。

6. 提醒发言者多一些停顿，让听众有机会来回应。马歇尔建议在40个字以内就做个停顿！虽然我们大多数人很可能会超过40个字，特别是在处于痛苦中时，但如果想让听众完全听清我们所说的一切，记住分成较小的片段来叙述会更有帮助。

7. 发言者可以选择练习非暴力沟通或者选择以习惯的方式来表达自己，请听众来翻译成非暴力沟通的语言。"同理倾听"环节的主要目的是练习深度倾听和用语言来表达同理心。针对这个练习，不要鼓励发言者努力"用非暴力沟通的方式讲话"。倾听者在活动中的角色是去倾听，而非指导发言者用非暴力沟通的方式讲话。

8. 决定谁来担任计时员的工作。

9. 决定是让一位成员来做积极的倾听者（对对方说的话做出回应），还是让整个小组成员都参与进来，轮流向发言者表达同理心，这意味着每个人都平等积极地参与其中，这样也可能会带给发言者更多被理解的契机。不过，发言者的注意力也可能会因此而被分散，因为当不同的人轮流表达时，有时很难维持不同的人之间流畅的过渡。第三种选择是安排一位"主要倾听者"，在发言者每一次停顿时，由他来选择是自己表达同理还是移交给其他小组成员来进行。只要"主要倾听者"增加一点引导，通常就能让整个过程足够顺利，也能够让更多的人积极地参与。

> **注 意**
>
> 如果有超过一个人对发言者表达同理，就有可能出现有竞争性的声音——每个倾听者都试图"做对"（准确地猜出发言者的感受与需要）。这时，我们有必要提醒自己，同理倾听的重点不在于准确性，而关乎注意力的品质。

10. 计时员在活动开始时，可以设置 30 秒的静默时间，帮助发言者更加集中精神，也让倾听者连结自己的当下，准备全身心地倾听。

11. 倾听者全身心地关注发言者及其表达，并感知其言语背后的感受和需要。目标是完全地关注当下，而不是"推断出"发言者的感受和需要，也不是要达到"完全准确"。

12. 在发言者停顿下来时，倾听者用语言反映同理倾听到的内容。当发言者一次表达的内容超出倾听者可以吸收的程度，或倾听者没有听清楚发言者说的话时，倾听者可以打断发言。

13. 倾听者尝试用语言同理讲述者，将其所要表达的翻译为观察、感受、需要和请求。反映的方式是询问（而非告知）：你的观察、感受、需要和请求是这样的吗？（发言者永远是自己的所见、所闻、感受、需要和请求的权威。）

例如：

发言者：我的老板一直看不上我……

倾听者：你听到你的老板和别人谈论你，或直接对你说出了一些让你觉得不被尊重的话，是吗？

发言者：是的，他对我说了一些话。比如昨天他说……我甚至还不如那个从临时工中介公司来的人知道得多……

倾听者：听到他这么说，你是不是感到很恼火，你希望自己在办公室的工作能得到一些肯定与欣赏，是吗？

发言者：（继续）

14. 倾听者帮助发言者与他当下所体验到的感受与需要相连结，即使他们在描述一个过去的事件。

例如：

发言者：我的老板和其他部门的负责人这样对待我，我真的很不高兴。这就像当我还是孩子时，我记得爸爸经常搞一些意外事件。有一次，在搬家的车到达的两天前，他告诉我们要搬到加拿大！我是说，只有两天！然后我发现他在半年前就已经签了工作合同！

倾听者：所以想起你爸爸等到这么久才来告诉你搬迁的事，你是不是依然感到愤怒和受伤？你是不是希望在那些会影响到你生活的决策中，你的需要能够被考虑进去呢？

> **注　意**
>
> 在上面的例子中，倾听者尝试反映观察、感受和需要，而没有涉及请求。在同理倾听中，我们要避免把重点放在解决问题上，除非（或直到）发言者在最后一轮中提出这样的请求。

15. 计时员在接近尾声时提醒所有人，例如"我们还剩下 3 分钟"，在结束时再次提醒。如果这时发言者还在表达强烈的情感，或者你感受到小组里还有许多未尽的痛苦，作为计时员，你可以询问发言者是否愿意在结束前进行 1 分钟的静默同理。接着，每个人都与发言者（他不再讲话）完全同在，同时感知发言者静默背后的感受与需要。计时员在 1 分钟结束后向大家提示。

16. 以两轮分享来结束"同理倾听"环节。在安排这个环节时，额外预留 5 分钟。

（1）在第一轮时，发言者可以对小组提出任何请求。很多时候，当我们展露脆弱时，可能也想了解其他人对于我们的分享有怎样的感受。发言者也可以向小组提出请求，就刚才他所表达的，请小组提出建议、观点、信息等。通过轮流发言，每个人都有机会回应发言者的请求。

（2）在第二轮时，每个人就刚刚结束的活动或者他们在这个环节中的角色来分享自己的洞见、感受等。这也可以成为一次契机，为所学习到的和所分享的向彼此表达感激。

第十一章

☑ 关于组织角色扮演的建议

1. 参与者 A 设定情境，并做如下表述：

（1）本人的角色："我是一位在实验室工作的临时雇员。"

（2）她希望参与者 B 扮演的角色："你是我的顶头上司。"

（3）对话发生的时间或地点（如果有必要的话）："周五晚上 6 点，我正要下班。"

（4）告诉参与者 B 一句话（或两句话）作为开始："我的老板对我说：'你做完报告了吗？我希望你能在我们周一早上开会前完成。'"

参与者 A：如有需要，简短地用一两句话来表述一些对角色扮演至关重要的信息。避免描述具体发生了什么，包括过去发生的事情或你个人的经历（让团体时间用来练习而非解释）。如果在角色扮演中参与者 B 的扮演不是你想要的，只需这样提示："不，你不会那么说。你会这样说……"

2. 通常情况下，参与者 A 以同理的方式练习表达和倾听，而参与者 B 以习惯的方式说话。然而，如果参与者 A 对情境深感痛苦，也可能会发现自己困在角色扮演中而无法同理参与者 B。

在这种情况下，可以设定一个"虚拟"场景。参与者 B 化为一个非暴力沟通练习者来同理倾听参与者 A。当参与者 A 感觉到自己准备好交换时（也有可能无法做到），重新开始，这一次由参与者 B 用习惯性的语言来扮演角色。

另一种方式是让参与者 A 来扮演主管的角色（不使用非暴力沟通的方式），由另一位扮演参与者 A，用非暴力沟通的方式来表达。

为每个角色扮演设定一个时间限制，并安排一位计时员。请确保在结束时，给参与者 A 和参与者 B 留出机会表达，什么是"有效的""无效的"以及学习到了什么。通常，观察者也会想分享自己的洞察。

第四部分

练 习

个人任务、带领人指南和回应范例

> **练 习**
>
> 给个人练习者的说明：
>
> 你可以参考"阅读回顾""个人练习"版块中的所有内容，以及"带领人指南"中的大部分内容，无须改动或者少量改动即可。准备一个笔记本或者电脑来记录你浮现出的感受、需要和想法等。为了帮助你完成任务和活动，请寻找有"练习"标识的版块，阅读随附的说明。
>
> 如果你愿意投入更多的时间和精力学习这门新语言，可以为自己创造额外的支持。利用非暴力沟通的四个要素，邀请不熟悉非暴力沟通的朋友协助你保持观察、感受、需要和清晰的请求。请考虑给朋友提供非暴力沟通模式、感受词汇表和需要词汇表（参见附录），这些一目了然的工具可以帮助他们在互动时支持你的学习。你也可以找到一位朋友，借助四要素来表达自己："当我练习非暴力沟通时，我感到兴奋，因为我在与家人（朋友、同事）的关系中体验到了更多的乐趣（亲密、意义、和谐），对于怎样能支持到我练习，你有兴趣听我讲讲吗？"
>
> 另一个请朋友支持练习的例子是："当我想到在练习非暴力沟通时，我与家人的关系变得更有意思、更有意义，对所有人来说更容易，发生了深刻的转变……我感到兴奋，因为我对和谐与可预测性的需要得到了更多的满足。我想知道在听到这些时，你愿意告诉我是否有兴趣来帮助我练习吗？"

随着你与那些答应来帮助你的人持续学习非暴力沟通，他们中的许多人也会发现用这样一种从心而发的方式讲话对他们自己也有价值。若是这样，请回顾一下本手册中帮助你创建练习小组的部分，并邀请你的朋友加入，以任何你觉得舒服的方式来使用这些建议。

从现在开始，你可以继续学习本手册，它解决了个人可能遇到的问题，有些类似于团体也会遇到的问题。涉及小组练习的许多建议也同样适用于个人练习。

个人练习者在使用本练习手册时，可能倾向于先阅读"带领人指南"和"回应范例"再完成任务。然而，在回顾以下章节之前，先独自完成个人任务将更有助于你从中获益。

第一章

关于《由衷的给予》的练习

📝 个人任务

阅读回顾

1.《非暴力沟通》的作者马歇尔提到非暴力沟通源自他自童年以来对两个问题的探寻。这两个问题是什么？

2. "非暴力沟通"也被称为"_____""NVC"，或在有些国家被称为"长颈鹿语言"。有些人对于名称中的"非暴力"一词感到不舒服，他们并不认为自己在讲"暴力"的语言。马歇尔是如何解释在"非暴力沟通"中使用"非暴力"的呢？

3. 非暴力沟通的目的是什么？

4. 非暴力沟通与我们平常的沟通方式有何不同？

5. 马歇尔博士提到非暴力沟通"不只是一个流程或一门语言"，他指的是什么？

6. 说出非暴力沟通流程的两个部分。

7. 说出非暴力沟通流程的四个要素。

8. 指出非暴力沟通在生活和社会中的一些应用领域或方式。

个人练习

马歇尔博士讲了这样一个故事来描述非暴力沟通的核心。

在旧金山的灰狗巴士总站等车时，我看到墙上有一个指示牌写着:"青少年们:请勿与陌生人说话。"指示牌的目的显然是提醒路过的青少年在大城市里会发生的危险,比如,皮条客总会在汽车站跟踪那些独身一人、受到惊吓的青少年。他们带着伪装的温情,提供友谊、食物、住所,也许还有毒品。不久以后,他们就会诱骗青少年卖淫。

想到这种人对人的掠夺成性,我感到有些厌恶。但一走进候车室,我的精神顿时振作起来。在那里,我见到一位年老的民工膝上放着一个橘子。他旁边有个棕色的快餐袋,显然,他刚刚吃完午饭。在候车室的另一边,有个依偎在母亲腿上的小男孩直盯着那个橘子。注意到孩子的目光,那个男人立即站起身来,朝他走去。走近时,他看了看男孩的母亲,并用手势请求,希望能得到她的允许,让他把橘子给孩子。孩子的母亲微笑着。然而,快走到孩子面前时,男人停下脚步,双手捧着橘子吻了一下,然后才把橘子递给男孩。

我在那人身边坐下,告诉他我因看到他的行为而很受触动。他笑了笑,似乎很高兴自己的行为得到了赞赏。"我特别感动的是,你先吻了一下橘子,才递给那男孩。"我补充说。他沉默了片刻,表情变得诚恳又庄重,最后回答说:"我已经活了65年,如果说这辈子我学到了什么,那就是,除非是你发自内心由衷地给予,否则永远不要给予。"

连结我们的意图

1. 找一个你觉得自在的地方,至少半小时不受打扰。

(1)有意识地做几次深呼吸,让你的头脑和身体安静下来。

(2)留意你身处的环境:在这里你看到、听到、闻到及感觉到什么?

(3)在做练习前,检查一下你的感受和身体的感知。你是否感到烦躁不安、无聊、平静、忧郁……?你的脸部、肩膀、后背、脚趾或别的地方是否有紧张感?

2. 回想一下马歇尔讲的关于橘子的故事。接着,看看你是否可以回忆起自己生活中的一次经历——那一刻,你体会到了由衷的给予所带来的喜悦或收到一份发自内心赠送的礼物时的喜悦。"你取之于我,是对我最好的馈赠……你施于我,我给予我的接受;你取之于我,是对我最好的馈赠。"(来自鲁斯·贝尔梅尔的歌曲《馈赠》)

3. 问自己:"是什么吸引我来练习非暴力沟通?我对生命和世界怀有怎样深切的渴望?"花一些时间细细品味这份渴望和需要。

4. 你是否记得有这样的时刻,不论是在童年还是在不久前,你曾觉知到这样的需要或渴望?在你现在的生活中,什么时候你能体会到这些需要的存在?

注 意

> 在你遐想、回忆或沉思的时候,偶尔停下来,有意识地做几次深呼吸,把注意力带回到身体上,体会你的心情和身体觉知,然后再回到你的沉思。

5. 当你发现自己想要结束本次练习时(在你收起实践手册离开前),再一次停下来并有意识地呼吸。你此刻有怎样的感受?你是否觉察到得到满足或未得到满足的需要?在你离开前,留意你的环境——你正看到、听到、触碰到或闻到什么?

在接下来的一周里,请留意:

1. 你由衷给予的时刻。请记住,不一定非要是"大事"。我们其实一直都在"贡献"自己和我们的资源,无论是对同事说一句鼓励的话、为别人开门，还是在超市排队等候时给不耐烦的孩子讲一个笑话。描述你在想起其中某件事情时的感受。

2. 某次你没有由衷给予的时刻。描述你在回忆这一事件时的感受，而不评判或分析你自己及这个事情。你希望在那种情况下有怎样不同的情况发生？

写下你对上述练习的回应，以及这一周中你的观察和学习收获。

> **注　意**
>
> 我们大多数人都喜欢把自己看作富有慈悲心又慷慨的人。我们不喜欢看到自己心门紧闭或漠不关心的时刻。然而，正是一次又一次地注意到触及我们局限性的时刻，并且不加以评判，我们的慈悲心和慷慨才会有所增长。带着爱来观察发生在自己身上的这些时刻吧。

带领人指南

第一个任务给我们机会分享关于自己的一些有意义的事，并互相认识。用一个小时的时间开展活动1，留出充分的时间让每位参与者完整地分享他们由衷给予的故事。如果超时了，可以跳过活动2。

活动1：由衷的给予

1. 请每个人分享一个自己由衷给予的故事。请小组成员轮流发言，并且让他们清晰地知道你计划用多长时间完成这个活动。鼓励倾听者将注意力充分地给予讲述者，并且认可讲述者分享这些故事所需要的勇气和脆弱。在每一个故事分享完之后，留一点时间让故事"沉入"每一个人的内在，并且以静默的方式向讲述者表达肯定，然后再由下一位分享。这里不鼓励对故事进行讨论或评论。

> **练 习**
>
> 花一点时间想一下你自己的故事，留意此刻你内在鲜活的状态并记录下来。

2. 邀请每个参与者分享他们如何回应个人任务的其余部分。有些人也许喜欢读出自己写的内容，也有些人可能想分享他们做练习时的感受。

> **练 习**
>
> 读出你写下来的对练习的回应，并且说出你做这个练习时的感受。

3. 作为这个部分的结尾，鼓励小组一起总结从"由衷的给予"这个主题中学到了什么。在进入活动2之前，确认一下大家对活动1是否有任何问题（包括阅读回顾）。

> **练习**
>
> 尝试找出你从"由衷的给予"这个主题中学到的三个收获,并将其记录在笔记本上。

活动 2:看见是什么需要阻碍了我们由衷地给予

由衷的给予是我们能体验到的最令人愉悦的事,也是非暴力沟通的基础概念。但有时其他的需要妨碍了我们做到由衷给予。我们可以通过学习认识到这些需要。

1. 对于大家所分享的关于未能做到由衷给予的任何故事,可以问一问:"在那个时刻,是什么需要阻碍你这样做?"请提示大家:非暴力沟通中的一个假设是,为他人的安康贡献我们的力量能带来最大的快乐。如果我们在其中找不到快乐,那是因为我们希望满足自己其他的需要。我们不再给自己(或他人)贴上"自私""无情"等标签,我们更多地觉知到,我们所选择的行为永远在服务于我们尝试去满足特定的需要。(这并不意味着我们的选择总是能达成愿望。)

> **练习**
>
> 回想一个具体的例子,你的给予并没有发自内心。试着找出给予背后真正的动机。或者回想一个时刻,别人想向你要某个东西,你却无法由衷地给予。尝试找到让你无法由衷给予的需要。如果在这个练习中有任何自我评判浮现,只需留意这些想法。

2. 邀请还没有做练习的成员回顾一个未能做到给予（或是由衷给予）的时刻，并且体会是什么样的需要阻碍了他们这样做。如果需要，可以参考附录3中的"需要词汇表"。

3. 在结束这部分前，问大家，把当时不情愿给予或者拒绝给予看作满足某种需要的选择时，是否能体会到有什么不同。

练 习

仔细思考并记录你的回应。

回应范例

对"活动2：看见是什么需要阻碍了我们由衷地给予"的回应

小时候，父亲会对我说："给我倒一杯茶来。"他从不先来了解我那时正在做什么，或者我是不是想要这么做。他的话在我听来就是要求，而由于害怕不服从的后果，于是我一次又一次地拖着沉重的脚步，闷闷不乐地给他端茶送水。如今他已经过世了，当写下这些时，我感到悲伤。我意识到他从未得到一杯我由衷端给他的茶。当时，我对尊重和自主的渴望阻碍了我由衷地给父亲端茶。

结果，闷闷不乐的服从并没有满足我对尊重和自主的渴望。此刻，我感到悲伤，我多么希望当时可以知道如何更好地满足我的这些需要，并且能发自内心地欣然给父亲倒茶，来满足我对贡献的需要。

> **注 意**
>
> 每个人的回答都不同，都是基于个人的经历。

练 习

阅读回应范例，留意与你的回应有何相似或不同之处。

第二章

关于《疏离生命的语言》的练习

个人任务

阅读回顾

1. "疏离生命的语言"指的是什么意思？

2. 说出一些"疏离生命的语言"形式，并分别举例。

3. 作者认为对他人的分析和评判是对 _____ 的悲剧性表达。

4. 为什么他用"悲剧"来描述这样的表达呢？

5. 当人们出于恐惧、内疚与羞愧而做我们想让他们做的事情时，会发生什么呢？

6. 当人们在想到我们的时候脑海中升起的是恐惧、内疚与羞愧时，未来可能会发生什么呢？

7. 价值判断与道德评判的区别是什么？

8. 在英语（或其他语言）中，有些语言表达淡化了我们对个人责任与选择的觉知。请举例说明。

9. 作者如何定义"要求"？

10. 马歇尔写道，他从他的孩子那里学到一件事：他无法要求孩子们去做任何事。请解释他所指的意思。

个人练习

1. 记住"疏离生命的语言"的四种形式：

（1）诊断、评判、分析、批评、比较；

（2）否定责任；

（3）要求；

（4）"应当如何"的语言。

在接下来的一周中，留意你与他人沟通中的语言表达，或者，回顾过去的语言表达，选择其中的一个实例，找出一个符合上述任一类别的例子。写下你使用的确切词语即可，不用描述场景。或者，如果你愿意，也可以聚焦在自我对话上。

2. 写下在你的生活中发生的一场不太顺利的两人对话。写完后，重读一遍，并确认是否有对话中的一方使用了四种形式中的某一种。

3. 本周选择一天作为"疏离生命的语言警觉日"。在这一天中，请带着高度的觉知，留意你周围人的谈话。每当你听到四种形式中的一种时，记录下来。也可以把电视、广播和广告中人们所说的话作为我们的观察对象，不论是读到的还是听到的。

4. 作者引用了法国小说家乔治·贝尔纳诺斯的话："我们所看到的悲剧以及即将来临的更大悲剧，并不是世界上反抗或不服从的人增多了，而是唯命是从、听话的人越来越多。"对此你同意吗？请举例说明你的观点。

5. 你是否看到这些"疏离生命的语言"有利于由国王、专制者甚至跨国公司控制的社会政治系统？

🎤 带领人指南

在开始活动前,了解一下是否有人对讨论个人练习中的 4 和 5 有浓厚的兴趣。如果兴趣一般,则可放弃活动 3。由于下列活动涵盖的内容比较多,你可能没有充足的时间来从容地完成它。尽量为活动 1 留出足够的时间。建议把更多的时间用来做练习而限制讨论的时间。

活动 1:写好的对话

为了方便大家,在活动前,将你在个人练习 2 中写下的对话抄到白板或纸上。活动时,你和另一个人分别扮演其中的角色,一起读出对话,请小组成员来识别对话中出现的任何"疏离生命的语言"形式。

练 习

回顾个人练习 2 中的对话,试着找出属于"疏离生命的语言"的四种形式中的任何句子。

完成上述练习后,可以再问一下讲述者当时可能有哪些需要未被满足(参考附录 3 "需要词汇表")。

然后,确认小组中的每一个人是否都能够感知到交流中双方的需要。接下来,让大家连结讲述者的需要,再听一遍这段对话。请大家谈谈听第二遍时与第一遍有什么不同的体会。

> **练习**
>
> 用自己书写的对话练习。

与旁边的参与者分享自己写下的对话并一起大声读出来。小组的其他成员（包括带领人）轮流来识别他们听到了哪些"疏离生命的语言"的形式。完成所有对话后，再回来猜测不同的讲述者分别有哪些未被满足的需要。最后，请大家把这些发现记在心里，再把对话演一遍。

> **练习**
>
> 尝试请一位朋友或搭档写一个个人练习2那样的对话范例，一起找出未被满足的需要。

活动2：疏离生命的语言警觉日

询问大家这一周的情况以及在"疏离生命的语言警觉日"中的发现。请每个人轮流读出他们准备好的内容或说出自己的体验。大家可以就发言者观察到的内容展开自由交流。最后，请大家总结学习收获。

活动3：回顾个人练习中的4和5

把个人练习中4和5或其中之一作为讨论重点。除非大家有强烈的兴趣，否则就把讨论时间限制在15分钟以内。

活动 4：识别疏离生命的语言表述

1. 首先邀请大家分享自己比较活跃的或所属的领域或社群。例如：教育、非营利组织、养育、冥想、监狱教育改造、非暴力沟通等。

2. 询问大家是否留意到在自己所在的领域中普遍存在的特定表述。用 3 分钟静默反思，然后再分享。例如，在教育领域：

· 老师就是要给学生打分。
· 行为不端的学生应该受到惩罚。
· 在 16 岁之前你必须上学。
· 美国的教育系统糟糕透了。

练 习

仔细思考，根据自己所属的领域，列一个关于特定表述的清单。

回应范例

对"活动 4：识别疏离生命的语言表述"的回应

疏离生命的语言表述不太可能激发友善的合作。以下是不同领域中的表述范例：

教育

要求的语言："在 16 岁之前你必须上学。"

不做要求："在年满 16 岁之前,我们希望你能上学,因为我们重视扎实的教育基础。"

监狱教育改造

"应当如何"的语言："伤害他人的人就应该受惩罚。"

不要求"应当如何"："我希望看到伤害他人的人有机会为他们造成的伤害做出补偿,因为我看重疗愈和修复信任。"

非暴力沟通社群

诊断、评判、批评："你不是在说非暴力沟通语言。"

不做诊断和批评："我希望你能向我表达你对此事的感受和需要,因为我看重诚实和连结。"

医疗健康

否定责任、判断："医生最清楚。"

不再否定责任："我们要求做这个检查,因为我们希望得到一些确定的结果。"

不做判断："我希望你能信任我对这件事的判断。"

养育

要求的语言："成年人必须教会孩子如何在公共场合举止得体。"

不做要求："我真的很希望成年人教会孩子在公共场合的言行举止能使其保证安全与安静。"

冥想

否定责任："他们让我一动不动地坐在那里整整一个小时。"

不再否定责任："我选择一动不动地坐在那里整整一个小时，因为我想尝试按老师的指示来做。"

第三章
关于《不带评论的观察》的练习

✎ 个人任务

阅读回顾

1. 在该章开头引用的歌词里，作者恳请读者不要混淆两件事，他要听者在对他说话时清楚区分的两件事是什么？

2. 为什么要区分这两件事呢？

3. 静态语言与动态语言的区别是什么？

4. 马歇尔希望人们最好避免对他人使用正向或中性的标签，例如"一个有责任心的孩子""一位厨师""一位美丽的金发女郎"，为什么？

5. 学校的部分职员对校长有哪些评论？他们对校长做出的一个具体的观察是什么？

6. "总是""从不""永远""不论何时"这样的词语是在表达观察还是在观察中混淆了评论？

7. 非暴力沟通的第一个要素是什么？

个人练习

1. 写下三个对自己的观察，以及三个对自己的评论。

2. 举例说明静态语言与动态语言的区别。

3. 参考该章列出的七种表达形式。为每种表达形式举一个例子，先是混淆观察和评论，然后是区分观察和评论。

4. 请用下列词语造句，先造一个表达观察的例句，再造一个混淆了评论与观察的例句。

（1）从不；（2）总是；（3）不论何时；（4）持续不断的；（5）没有人。

5. 下一次当你在等车或在人群中排队时，花 5 分钟看看周围的人。留意脑海中浮现了哪些想法？如果方便，写下你的想法并检视，然后看看它们表达的是观察还是评论？那些纯粹只有观察的想法和混合了评论的想法是怎样的比例呢？

带领人指南

向大家说明你有一系列的活动要进行，可能没有时间回顾他们在过去一周中完成的所有任务。询问大家有没有特别重要的内容希望在今天的活动中涉及。

活动 1：观察还是评论？

请根据该章结尾的"练习一：观察还是评论？"引导小组做练习，并与马歇尔的回答进行对照，请大家展开讨论。

> **注 意**
>
> 如果有很多人已经做过这个练习，可以使用下面的替代练习。

活动 1 的替代练习：观察还是评论？

对于下面的陈述，你认为讲述者表达的是否是不带评论的观察？如果不是，请写出一个与该情境相关的观察。

1. "学习非暴力沟通最好的方法之一就是练习，练习，再练习。"
2. "老板在围绕这个决定拖延时间。"
3. "关于你的成绩，你对我撒了谎。"
4. "我的丈夫几乎不表达任何感情。"
5. "你已经是这周第四次和我争吵了。"
6. "马歇尔说学习非暴力沟通唯一的方法是练习，练习，再练习。"
7. "他们取笑我用猪蹄来招待晚餐。"
8. "你没有得到我的允许就开走了车。"
9. "他们正在破坏环境。"
10. "医生拒绝向我解释任何事情。"

> **练 习**
>
> 自己做上述练习和《非暴力沟通》(修订版)中的练习。

活动 2：观察

让大家静默片刻并环顾房间，然后请每个人说出一个带有评论的观察，比如"人们看起来很累"或"这个房间很舒适"。请做评论的人邀请另一个人就同一个描述说出一个不带评论的观察。比如，对于"人们看起来很累"这个评论，观察可能是："我看到我们中的三个人在练习中打哈欠，另一个人在揉眼睛。"

练 习

对你当前的环境说出两个带有评论的观察，然后以不带评论的观察来表述。

活动 3：讨论

邀请大家轮流描述自己对个人练习 5 的回应（以区分观察和评论的方式回应）。让小组成员集体讨论他们就观察和评论所学习到的，以及我们为什么要练习区分观察和评论。

练 习

写下你认为练习区分观察与评论有哪些价值。

活动 4：任务回顾

如果还有时间，可以分享对任务中其他内容的回应。如果时间不够，询问大家是否对个人任务里的其他内容（包括阅读回顾）有疑问。

回应范例

对"活动 1 的替代练习：观察还是评论？"的回应

用不带评论的观察替代带有评论的观察：

> **注　意**
>
> 这些句子并不是非暴力沟通的表达示范，只是其第一要素"观察"的表达示范。

1."我们练习小组里的所有人都说，学习非暴力沟通的最佳方式之一就是练习，练习，再练习。"

2."上司告诉我们她会在上周宣布决定，但我们到现在也没有听到相关消息。"

3."我听你说通过了所有考试科目，但这张成绩单上有两个不及格。"

4."我的丈夫有两周没有亲我了。"

5."这是你在这周里第四次表达不赞同我所说的某些看法。"

6. 如果讲述者确实听到马歇尔说"学习非暴力沟通的唯一方式

是练习，练习，再练习"，那么讲述者表述的是自己所听到的，是不带评论的观察。

7. "当我用猪蹄来招待晚餐时，我听到了笑声，有人说：'我们在哪里可以拿到指甲刀？'"

8. 如果双方（例如家长和青少年子女）对于什么是"先得到允许"达成清晰的约定，那么我认为讲述者表达的是不带评论的观察。

9. "他们已经砍伐了这个地区90%以上的树木，并且仍在继续。"

10. "关于疼痛原因以及怎么解决，医生没有对我说任何事情。"

练 习

阅读这些回应范例，留意与你的回应有何相似或不同之处。你注意到了哪些不同？在阅读了范例后，你会如何修改自己的回应？

第四章
关于《体会与表达感受》的练习

个人任务

阅读回顾

1. 罗洛·梅用"交响乐"和"军号"做对比来说明什么?
2. 根据马歇尔所写的,美国的教育重点教学生什么?
3. 根据马歇尔所写的,为什么从事某些特定职业的人比其他人更难体会和表达感受?
4. 当女士对她先生说"我觉得我就像嫁给了一堵墙",以这样的方式"表达情感",她会得到什么回应?
5. 表达感受有什么好处?
6. 当我们说"我感到/觉得……",我们就是在表达感受。这句话对吗?请举例说明。
7. 为什么马歇尔建议我们识别具体的感受而非仅仅依赖于"我感觉挺好"或"我感觉不好"这样的表达呢?

个人练习

1. 你此刻的感受是什么?
2. 你怎样知道每时每刻的感受?你从哪里发现的?
3. 在该章中的"区分感受与想法"这一小节中马歇尔提到,有些表达被误认为是感受,实际上却是想法。例如:

（1）我们认为自己是怎样的（例如"我觉得自己不够好"）；

（2）我们认为他人是如何评价我们的（例如"我感到自己不重要"）；

（3）我们认为他人是如何对待我们的（例如"我感到被误解/我感到被忽视"）。

再想出五个类似的表达。

4. 和一个不表达感受的人在一起，你感觉怎样？

5. 有人说，除了悲伤，任何感受都不会持续超过几秒钟或最多几分钟的时间。（当然，这种感受可能会在片刻之后再次袭来，这取决于是否产生了什么新的念头或发生了新的情况。）你怎么看？在接下来的一周里，仔细观察并体会某个具体的感受，把它写下来。

6. 想象一下，你可以选择生来就有感受或没有感受，你会选择哪一种，为什么？

7. 有时，你会表达"我感到/觉得……"，但实际上却是在表达一个想法而不是感受。请举三个例子。

8. 开始创建你个人的感受词汇表。

（1）想象一下，生活完全按照你想要的方式发展。在一张纸上写下你在这些情况下可能有的所有感受。

（2）接着，想象一下，在一些情境中，你的需要没有得到满足。在另一张纸上列出因此产生的感受。

（3）在阅读本书的过程中，当你对感受的体验越来越丰富时，挑战自己持续为这个列表添加感受词汇。

🎤 带领人指南

请记住，本指南是用来支持你带领下一次活动的。请自由选用你认为会使你的带领更加丰富有趣的内容。

活动 1：留意感受

解释本活动的目的是帮助我们留意自己在当下的感受及感受的变化。

在活动过程中，每个人将轮流向小组发出一个信号："停下来，闭上你的眼睛，进入内在，找到你的感受。"每个人将自行决定什么时候给出信号。发出信号时，这个人可以突然站起来，走到小组中央。不一定要用语言来提示，只要注意到大家都已经收到信号，就可以回座位坐下。

练 习

花点时间，做这个练习——"停下来，闭上你的眼睛，进入内在，找到你的感受。"

安静 1 分钟，每个人都看看自己的内在，问自己："我现在有什么感受？……现在呢？…… 现在呢？"带领人可以准备一个计时器，定时 1 分钟，以便自己也能参与其中而不会因为看表被打断。1 分钟后，带领人邀请每个人说出他们留意到的感受，并分享他们在这 1 分钟里的观察。

> **练习**
>
> 当你在参加另一活动时，将时钟或手表设置为 1 小时内每隔 15 分钟响一次提示音。提示音响起的那一刻，你的感受是什么？仔细观察并记录你的感受。

> **注意**
>
> 告诉大家，特别是对那些正在说话而突然收到提示音的人来说，他们可能会将提示音当作干扰。这时，他们可能就会感受到烦躁、沮丧等。请大家留意这些感受以及伴随这些感受产生的任意想法。提醒大家，如果分享自己为什么会有某种感受，要去尝试觉察感受背后隐藏的需要。例如，与其说"我感到很烦躁，因为我被打断了"，不如说"在信号出现时，我感到烦躁，因为我正在表达一个令人兴奋的想法，我的需要是贡献"。

> **练习**
>
> 留意你可能体会到的除了提示音以外的干扰。试着体会你对这些计划外的打断是否有不同的感受，以及这些感受与什么需要有关。

这一轮结束后，带领人要把注意力再次带回到静默前讲述的那个人身上。在这个活动中，每个人手边可以准备一份感受词汇表和需要词汇表，会有帮助（参考附录 2 和 3）。

活动 2：表达感受

请根据该章结尾的"练习二：表达感受"引导小组做练习，并与马歇尔的回答进行对照。

> **注　意**
>
> 如果小组中的许多人已经自行完成了这个练习，可以使用以下替代练习。

练　习

尝试自己来做这两项活动。将你的回应记录在笔记本上。

活动 2 的替代练习：表达感受

在以下每个陈述中，你认为讲述者是否在表达自己的感受？如果不是，请对句子进行相应的调整。

1. "当工作中没有人回应我的建议时，我感到被无视。"
2. "你怎么能做这样的事？这让人完全无法理解。"
3. "如果这事发生在我身上，我也会很生气。"
4. "你让我很疲惫。"
5. "现在我有了自己的车和收入，我感到独立。"
6. "看到她的照片出现在头版，我很吃惊。"
7. "我觉得你是故意惹我生气的。"
8. "因为所有这些新技术的出现，我感到脱节了。"

9. "我觉得自己对他们很不友善。"
10. "看到房子里空荡荡的,我觉得她一定感到很失望。"

活动 3：回顾"个人练习"

回顾"个人练习"。由于可能没有时间讨论全部的任务内容,可以请大家选择最想要回顾的内容。你可以选择其中的 2、4、5、6,并限定讨论时间。

回应范例

对"活动 2 的替代练习：表达感受"的回应

> **注 意**
>
> 这些句子并不是非暴力沟通的表达示范,只是其第二要素"感受"的表达示范。

1. "当工作中没有人回应我的建议时,我感到焦虑。"
2. "我感到非常困惑,你怎么会做这样的事情。"
3. "我对发生在你身上的这件事感到担忧。如果是我,我一定会很生气。"
4. "我感到筋疲力尽。"

5. "拥有自己的车和收入，我感到高兴和自豪。"
6. "我很吃惊"表达的是一种感受。
7. "我很不高兴，因为我认为你是故意惹我生气的。"
8. "因为所有这些新技术的出现，我感到担心和沮丧。"
9. "想到我那样对待他们，我感到后悔。"
10. "想到她看见如今空荡荡的房子一定会很失望，我感到很难过。"

练 习

阅读这些回应范例，留意与你的回答有何相似或不同之处。回顾《非暴力沟通》（修订版）中的感受和非感受词汇表（如"被遗弃""被虐待"等），确认你用的是表达感受的词语，而非有关别人如何对待你的想法。

第五章

关于《为自己的感受负责》的练习

📝 个人任务

阅读回顾

1. 该章中提到"他人的言行举止或许会激发我们的感受,但绝非产生这些感受的原因"。在这里,"刺激"与"原因"有什么不同?

2. 是什么"原因"导致我们产生内在的特定感受?

3. 听到不中听的话时,有哪四种选择?

4. 为自身的感受负责,我们该如何表达?

5. 利用内疚来推动他人做事,这背后的基本机制是什么?

6. 提升为自身感受承担责任的意识,马歇尔建议用怎样的句式来表达?

7. 当我们对他人有所期待时,如果不直接告诉对方自己的需要,我们通常会如何与他人沟通?这样做,我们可能会得到什么样的回应?

8. 我们怎样做,能更容易让他人用善意来回应我们的愿望或请求?

9. 为什么女性在表达需要时可能会特别困难或痛苦?

10. 如果我们不表达自己的需要,可能会有什么后果?

11. 该章提到"在通往情绪自由的成长过程中,我们通常会经历三个阶段",请说出你对此的理解。

个人练习

1. 按步骤完成以下练习：

（1）简要描述你曾经历过的一次独特感受的情形；

（2）表达该感受；

（3）识别刺激因素；

（4）觉察感受的原因。

2. 请举例说明，在上述情形中你会如何运用四种选择中的每一种来应对。

3. 举出一个利用他人内疚的例子，并说明这可能会产生怎样的影响。

4. 解释"为他人的感受负责"与"慈悲关爱他人"的区别。

5. 举例说明这些容易掩盖我们为感受负责的常见语言模式：

（1）使用非人称代词（比如：这、它、那）；

（2）只提及他人的行为；

（3）使用"我感到……（某种感受），因为（别人）……"来表达。

6. 把 5 中的例子改为"我感到……，因为我……"。

7. 觉察你生活中的某个时刻，在那个时刻，下列需要没有得到满足：

（1）自主；（2）庆祝；（3）内外一致；（4）他人的理解；

（5）理解他人；（6）社群；（7）和平。

8. 虽然马歇尔以线性发展的方式描述了情绪发展的三个阶段，然而当许多人在意识和情感上不断成熟发展时，可能会在这个过程中曲折迂回发展。你能用自己生活中的一些情况来说明你在每个阶段的发展吗？

带领人指南

活动1：听到不中听的话时可采取的四种选择

此活动需要五位参与者。由其中一位说一句"不中听的话"，例如："你不断把自己的观点强加给他人的方式，真的很令人反感！"参与者带着情绪来表达这句话，并向其他四位参与者重复说这句话。

其他四位参与者选择用不同的方式来接收这句话，每个人将根据自己的选择说出一个相应的想法。

例如：

选择1：指责自己。"天啊，我的控制欲太强了！我表现得就像我的妈妈一样，难怪人们对我那么反感。"

选择2：指责他人。"没错，如果你留意去听，白痴也会知道房间里的其他人都同意我的观点！"

选择3：体会自己的感受和需要。"唉，我感到难过，因为我希望得到理解，我在这里是想多帮些忙。"

选择4：体会他人的感受和需要。"嗯，我猜他是不是感到恼火，因为他希望每个人的观点都能被听到和照顾到……"

当这五个人结束第一轮练习后，轮换角色。如有必要，对此活动做出调整，使其适用于人数更多的小组或者少于五人的小组。在理想情况下，每个参与者都有机会练习五个角色中的每一个。

> **注 意**
>
> 可以为这个活动制作一套（五张）大卡片，含有以下内容：
> - （第一张）一句不中听的话；
> - （第二张）选择 1：指责自己；
> - （第三张）选择 2：指责他人；
> - （第四张）选择 3：体会自己的感受与需要；
> - （第五张）选择 4：体会他人的感受与需要。
>
> 给五位参与者每人一张卡，并在每轮结束后轮换卡片。

练 习

你也可以尝试自己这样做，写一句"不中听的话"，然后按四种选择来分别回应。将你的回应记录在本子上。

活动 2："我此刻的需要是什么？"

1. 带领小组完成此练习，每个人轮流把下面的每句话大声读出来，并找出话语背后可能有哪些需要。

以这个问题作为开始："如果我在活动中有这样的想法，我可能需要什么？"

（1）"她不负责任，我们都约定好了，如果无法出席，要告知对方。"

（2）"这里所有人都比我更懂非暴力沟通。"

（3）"他刚刚说的话太不负责任了！"

（4）"她占用的时间总是比别人多。"

（5）"需要心理治疗的人应该寻求专业帮助。我们无法在这里处理这种程度的功能失调症！"

（6）"真无聊。"

（7）"像这样的学习小组，应该严禁使用冒犯他人的性别歧视语言。"

（8）"我希望我的声音不要颤抖。"

（9）"他又开始了……我真希望能有人让他住嘴！"

（10）"等到下周轮到我来带领时，我也会像她打断我那样去打断她，看看到时候她会有什么反应！"

（11）"这群人太冷漠、太呆板了。"

（12）"这已经是他第三次因为迟到打断我们的开场了。"

（13）"所有这些上头的话让我发疯。"

（14）"我无法忍受他们这样好好说话的方式。难道他们不知道非暴力沟通并不意味着变得友善吗？"

（15）"喂，喂，在非暴力沟通练习小组里，我们应该用非暴力沟通来说话，是吧？！"

（16）"有的人自己不做准备，只是期望我们这些完成作业的人提供答案，这让我感到恶心！"

练 习

你可以尝试自己练习，将回应记录在本子上。

2. 现在，让大家轮流将上面的每一句话都翻译为可能的观察、感受和需要。

例如，"她不负责任，我们都约定好了，如果无法出席，要告知对方"这句话翻译为:"当我听到没人收到她的消息时,我感到气馁,因为我看重信任,希望每个人都能遵守我们所做的约定。"(所有人的需要:可靠、信任、内外一致。)

练 习

在看电视或者电影的时候,尝试找到主人公在这样表达时有什么样的需要。将你的回应记录在本子上。

回应范例

对"活动2:'我此刻的需要是什么?'"里1的回应

1. 可靠、尊重、体贴;
2. 胜任能力、接纳、尊重;
3. 理解、同理倾听、诚实;
4. 相互关系、体贴、效率;
5. 安全、内外一致、胜任能力;
6. 激发、目的、挑战;
7. 尊重、社群、支持;
8. 接纳、胜任能力、有效性;
9. 体贴、连结、激发;

10. 同理倾听、欣赏、支持；

11. 包容、温暖、社群；

12. 合作、尊重、秩序；

13. 连结、意义、真实性；

14. 真实性、连结、理解；

15. 合作、可靠、连结；

16. 相互关系、欣赏、支持。

> **练 习**
>
> 阅读这些范例，留意与你的回应有何相似或不同之处。你注意到了哪些不同？在阅读了范例后，你会如何修改自己的回应？

对"活动 2：'我此刻的需要是什么？'"里 2 中的"翻译"的回应

1. "当我听到没有人收到她将缺席的消息时，我感到失望，因为我需要信任约定会被遵守。"

2. "当我听到你们都很快地说出需要时，我感到焦虑，因为我希望自己能够更熟练。我也感到紧张，因为我希望在小组里能被接纳。"

3. "当我听到他说对发生的事情不负责时，我感到很生气，因为我希望得到更多的理解和一些同理心。"

4. "当我想到她回答上一题花了很长时间时，我感到不耐烦，因为我想更有效地利用团体时间。"

5."在观看了上一次互动后,我感到非常担心,因为我希望人们的情感需要能得到很好的照顾,而我不相信我们有能力做到。"

6."当我听到培训师解释这个过程时,我感到无聊,因为我想学习新的内容。"

7."当我听到小组里有人说这样的话时,我感到受伤,因为我看重尊重和体贴,我们中有些人将会受到这些表达的影响。"

8."当我想到自己的声音有时会因为紧张而颤抖时,我感到更加紧张,因为我希望能做到有效沟通并被理解。"

9."当我看到他再次开口说话时,我感到生气,因为我希望每个人都有平等的表达机会。"

10."当她在我还没说完话之前就表达时,我感到受伤,因为我希望自己带领小组的努力能得到更多支持。"

11."当我看到没有任何人欢迎新朋友时,我感到不安,因为我想有一个热情和包容的氛围。"

12."当我看到他第三次在开始环节姗姗来迟时,我感到很生气,因为我看重合作、尊重和秩序。"

13."当我听你说话时,我感到困惑和疲惫,因为我希望我们的心与心之间能够连结和相互理解。"

14."当我在今晚听到多次赞美、表扬和好评时,我感到恼火,因为我渴望真诚的连结。"

15."当我在谈话中听到如此多的评价时,我感到担心,因为我希望我们能有意识地花时间来练习非暴力沟通,并坦诚地带着同理心与彼此建立连结。"

16."当我看到仍是那位朋友完成了作业时,我感到反感,因为我希望所有人都平等参与、互相支持。"

> **练 习**
>
> 　　阅读这些范例，留意与你的回应有何相似或不同之处。你是否发现这些范例中所使用的关于感受与需要的词汇比你选择的词汇更贴近书中的内容？对于这样的不同，你注意到了什么？写下你对这些不同之处的感受，以及获得更多的不同答案时你的需要是什么。

第六章
关于《提出请求，丰盈生命》的练习

个人任务

阅读回顾

1. 非暴力沟通中的"请求"是什么？"请求"的目的是什么？我们要如何表达它？"请求"与"要求"有何不同？我们如何"检验"所提出的是要求还是请求？

2. 当我们用下列方式表达请求时，可能会发生什么？

（1）用含糊和抽象的语言表达；

（2）只是通过表达感受来表达我们想要的。

3. 为什么有时说话者在向我们提出请求，我们听到的却是要求呢？

4. 作者认为，每当我们与人交谈时，都会请求某些回应或反馈。列出三项你可能想要的回应。

5. 我们基于什么理由会请求对方重述我们的话？

6. 我们在请对方重述时，哪些做法会惹恼对方？

7. 在小组中发言时，为什么明确我们想要怎样的回应很重要？

8. 马歇尔为什么会提到印度人说"bas"的习惯？

9. 运用非暴力沟通的目的是什么？作者认为，在哪种情况下，非暴力沟通并不是适当的工具？

10. 列出一些我们在提出要求时常涉及的词语。

个人练习

1. 回想一次让你不满意的互动，在这种情况下，用正向的行动语言提出一个或多个请求。

2. 针对上述情况，写下你将如何告诉他人你的观察、感受和需要。接着写出以下请求：

（1）请求倾听者告知感受；

（2）请求倾听者告知想法。

3. 与他人交谈时，对于你希望对方给你的反馈，你可以做些什么来增强这样的意识呢？

4. 在请求对方重述你的话语时，你可能会如何表达？

5. 如果对方说："你把我当白痴啊！总是要我重述，和你说话真是太痛苦了！"你将如何表达呢？请写下来。

6. 回想你在某次会议或某个团体中说过的话（或者想象你自己这么说话），你是否明确说明想要什么样的反馈？如果没有，你可以怎样表达呢？

7. 回想某次你请别人给你某个东西，你表达的是请求还是要求？你怎么知道的？

8. 当你自言自语时，请留意你是在表达要求还是请求。举例说明。

🎤 带领人指南

1. 提醒小组成员：非暴力沟通的目的是激发我们与他人之间心与心的连结。尽管我们在本章中重点学习"请求"，但它只是非暴力沟通流程的一个要素。明确我们的请求对满足需要很重要，然而，一个"格式完美的"请求并不意味着会使我们所请求的行为发生。我们希望植根于想要满足的需要中，并牢记满足需要有许多路径（各种不同的请求、行为、策略和解决方案）。

2. 如果我们与他人展开一场"非暴力沟通舞蹈"（即展开互相尊重的对话），并建立了心与心的连结，那么，此时出现的"解决方案"（或"约定的行为"）也许和我们最初向对方提出的请求截然不同。让我们将提出请求看作持续的舞蹈，而不是用来检验是否成功获得我们想要的。还要记住两类常见的非暴力沟通请求：（1）请求他人的同理倾听："你是否愿意告诉我刚才听到我说了什么吗？"；（2）请求诚实地表达："听到我这么说，你愿意告诉我你的感受吗？""对于我刚才所说的，你愿意告诉我你（对具体内容）的想法吗？"

活动 1：借助四要素来表达

想象一个场景，有人说了下面的话。运用四个要素，将每个案例中的陈述翻译为"正式的"非暴力沟通语言。要特别注意请求是否是正向的、具体的、可立刻执行的。

1. "你的狗刚刚把我的草坪弄得一团糟。"[翻译："当我看到你的狗……（观察），我感到……（感受），因为我需要……（需要），你愿意……吗？（请求）"]

2. "大声地骂脏话不会让你得到你想要的。"

3. "把钱投入共同基金，你就是在支持枪支、烟草和血汗工厂以及我们在这个世界上试图改变的所有事情。"

4. "这个汤的热量太高了。"

5. "在这家公司，我们需要团队合作。如果这不是你的首选，你最好另谋高就。"

6. "嘿，孩子们，手电筒不是玩具，不要浪费电池、浪费钱。"
7. "还没放学，你怎么会在这里？"
8. "可是，两周前你告诉我，我可以在月底休个长假。"
9. "亲爱的，宝宝刚才吐了。"
10. "你这样说话，不是使用非暴力沟通。"

练 习

你可以尝试自己练习，将回应记录在本子上。

活动 2：提出请求来满足需要

安静 1 分钟，让每个人想一个在生活中需要没有得到满足的情境。请他们向自己（或对方）提出一个请求，来解决未被满足的需要。

然后，请每个人做以下的事：

1. 把他或她的请求以直接引用的形式呈现出来，例如"你愿意……吗？"

2. 简要陈述情况（如果小组的其他成员感到不清晰），确保轮到下一个人之前，所有人都同意该请求是正向的、可立即执行的。

练 习

尝试自己练习并且将回应写在本子上。把你自己当作你所要请求的人。问自己："如果我听到这个请求，我是否知道对方需要我具体做什么以及什么时候做？"

101

回应范例

对"活动1：借助四要素来表达"的回应

1. "当我看到你的狗在草坪上拉屎时，我感到生气。这里常有孩子们玩耍，我希望他们身处一个安全、干净的空间。你愿意用垃圾袋装走粪便吗？"

2. "当听到你那样称呼我时，我感到焦虑，因为我需要合作以及和平地解决我们的分歧。你愿意告诉我你此刻的感受和需要吗？"

3. "当听到你把钱投入共同基金时，我感到沮丧，因为我希望看到我们将资源投入我们所重视的领域，而不是支持枪支、烟草和血汗工厂。你愿意告诉我，听到我说这些话时，你有什么感受吗？"

4. "对这个汤的热量，我有些担心，因为我真的需要照顾好自己的健康。你愿意给我一碗面条来替代这个汤吗？"

5. "当读到你写的这份报告时，我感到困扰，因为我重视团队合作，而且我需要确保我们是站在同一立场的。你愿意我们约个时间讨论一下各自如何看待这个工作的优先级吗？"

6. "当看到你们这些孩子在毯子下面玩手电筒时，我感到不安。我希望节约电量，以便在遇到紧急情况时可以用得上，你们愿意把手电筒收起来吗？"

7. "看到你白天时走出学校，我感到震惊。我需要明白发生了什么，你愿意告诉我你准备去哪里吗？"

8. "听到你说不同意我月底放长假时，我想起你在两周前说可以，我感到沮丧和困惑。我需要更多的说明，以确保我们的沟通是准确的。你愿意告诉我你刚才听到我说了什么吗？"

9."看到小婴儿在呕吐，我感到……呃……恶心，因为我重视健康和愉快的环境。你愿意把它擦干净吗？"

10."听到你说我'专横'时，我感到很生气，因为我需要得到理解。你是否愿意告诉我，我做了什么或者说了什么让你认为我'专横'呢？"

> **练 习**
>
> 阅读这些范例，留意与你的回应有何相似或不同之处。你注意到了哪些不同？在阅读了范例后，你会如何修改自己的回应？

第七章
关于《以同理心倾听》的练习

个人任务

阅读回顾

1. 什么是非暴力沟通的"两个部分"和"四个要素"？
2. 什么是同理倾听？
3. 我们需要具备怎样的（心智）状态来同理倾听他人？
4. 听到他人表达痛苦或不满时，如果不用同理倾听的方式，人们更倾向于用怎样的方式来回应？
5. 在马歇尔告诉女儿她很好看后，为什么女儿却在他面前摔门离去？
6. 对他人的同理理解与头脑上的理解有什么不同？
7. 同情心与同理心有什么区别？
8. 在非暴力沟通中，当我们听别人讲话时，我们特别要去倾听的是什么？
9. 为什么马歇尔鼓励人们使用这样的表达："你感到不快乐，因为你需要……"？
10. 当有人对你表达不满时，倾听他们的需要而非想法有什么好处？
11. 复述对方的话有什么意义？
12. 在非暴力沟通中，复述包含哪些方面？

13. 非暴力沟通的复述与直接提问的区别是什么？复述有什么好处？

14. 在情绪激烈时，如果你想直接向对方提问，马歇尔建议首先做什么？为什么？

15. 在什么情况下，你会复述（或不复述）他人所说的话？

16. 如果他人对我们的复述给予负面反应，我们可以怎么做？

17. 为什么马歇尔提醒我们，在他人向我们提出问题时，不要先急着帮助他们解决问题？

18. 我们如何知道一个人已经得到足够的同理倾听，并因而准备好了继续前进呢？

19. 是什么阻止我们同理倾听身在痛苦中的人？

20. 当对方需要同理倾听，而我们痛苦得无法同理时，我们可以怎么做？请描述3~4种选择。

个人练习

1. 回忆一段你曾"全身心倾听他人"的经历。

2. 有哪些（内在或外在的）条件支持你保持同理心？有哪些条件无法支持？

3. 描述两段你曾向他人表达痛苦的经历，然后找到该章中"不去做什么，只是在那里"一节中提到的霍莉·汉弗里发现的（妨碍与他人连结的）常见行为。你是否喜欢这些回应呢？为什么？

4. 再读一遍霍莉所列举的行为方式，你特别熟悉其中的哪几种？回想两段（你按霍莉所列举的方式回应的）经历，用两句话写下对以下两个问题的回应：

（1）某个人说了什么（表达自己的痛苦）；

（2）你是如何回应的（说出具体的行为）。

5. 现在回到你在上面的（2）写下的内容，并将其改写成同理回应的表达方式。（在现实生活中，你的同理倾听也可能是以静默的方式。）记住同理倾听需要的是感知或猜测对方的感受和需要，而不是确切知道。在用语言表达同理倾听到的内容时，我们冒着猜错的风险。对此，我们希望，对方对我们的错误猜测所做出的回应能引领我们走向更准确的理解。

6. 回到你在 3 中所描述的两个情境，想象一下在每个情境中，当你向他人表达自己的痛苦时，你希望得到怎样的同理回应？

7. 描述一个情境，你选择将对方的话回述给他们；再描述一个你选择不做回述的情境。为什么你会有不一样的选择？

8. 马歇尔引用了约瑟夫·坎贝尔的话："腾出'他人如何看待我'这个想法的空间给天赐之福。"并在随后写道："一旦我们将那些原本听起来像批评或指责的话看作来自他人的礼物——为身处痛苦中的人们提供服务的机会，我们就会感受到这份极致的幸福。"

你能否回忆起某个经历，在听到一句看似刺耳和不中听的话时，你有能力听到它背后的感受和需要，从而打开通往幸福的道路——运用你的力量为他人的幸福做出贡献？

9. 你希望带着怎样的意图来回述对方说的话？在特定的情形中，你如何确保自己的意图？

练 习

反思你所说的话语，每一个表达背后的意图是什么？要提高对意图是否与非暴力沟通保持一致的觉知，你可以做些什么？

带领人指南

我们已经学习了非暴力沟通的两个部分和四个要素。从这一章开始，小组活动会包括角色扮演（参见第三部分"一起练习"的第十一章）、"同理倾听"环节（参见第三部分"一起练习"的第十章）、非结构化的和自发即兴的互动（参见第三部分"一起练习"的第九章），以及用来回顾非暴力沟通基础的结构化练习。

活动：同理倾听的简短练习

以下是关于同理倾听的六个简短练习。如果你们一起回顾了个人练习部分的内容，那么可能没有多少时间可用于其他活动。

1. 在工作时，有人对你说：

"昨晚，我一直想着今天的演讲，直到凌晨3点才入睡。今天早上，我想最好多喝点咖啡，让自己保持清醒和警觉……但现在我头疼欲裂！为什么每当我有重要的事情要做时就会头痛？！"

（1）用头脑上的理解来回应（回答讲述者最后一句提出的问题）；

（2）用同情的方式来回应；

（3）用提出建议的方式来回应；

（4）用同理的方式来回应。

2. 在一次会议上，当你在说话时，有人突然转向你说："你难道不能让别人也有机会说话？"以同理倾听的方式来回应：

（1）感知并回述这个人可能观察到了什么；

（2）感知并回述这个人此刻可能有的感受和需要；

（3）感知并回述这个人可能想提出怎样的请求。

3. 以下对话发生在两位室友之间：

室友A："你从来都不记得关灯。"

室友 B："你很生气，希望能让我更多意识到我们如何使用能源……"

请两个人读出上述对话，接着让每个人都来扮演室友 B 的角色，并通过以下方式大声重复室友 B 说的话：

（1）带点嘲讽的方式；

（2）声明或宣告的方式；

（3）同理倾听的方式。

简要地讨论人们在使用不同语气时，大家会留意到什么。

4. 回忆一次经历——当时，你和另一个人发生了不愉快，你意识到自己太难受了，无法同理倾听对方。

（1）如果你选择"用非暴力沟通的方式呐喊"，写下你想和对方说的话。（如有必要，可以参考该章末尾处马歇尔写的关于"非暴力呐喊"的故事。）

（2）如果你选择对自己进行紧急同理救援，写下你会对自己说什么。

5. 假设你希望有人将你说的话复述给你，你却感到对方有些抗拒，你会如何向对方表达？

6. 你和另一个人做一个简短的角色扮演，你是使用非暴力沟通的人，对方说："我知道你想让我们练习复述所说的话，但我们在这里有其他的议题要讨论，有工作要做。你知道，我们无法花一整天在这里和你闲聊。"

练 习

你可以尝试自己练习，将回应记录在本子上。

回应范例

对"活动：同理倾听的简短练习"的回应

1. 回应范例

（1）"这可能是因为当你有很多期待时就会感到非常紧张，或者也有可能是压力、睡眠不足以及咖啡因等因素导致了你的头痛。"

（2）"我真的很同情你。在做重要的演讲时头痛，真是太糟糕了！"

（3）"你不妨敷上一个冰袋，躺下休息10分钟？"

（4）"你感到沮丧，因为你真的很希望在演讲的时候精力充沛、健康并且头脑清醒，是吗？"

2. 回应范例

（1）"你指的是，当彼得指着地图时，我说'哦，不，不，不'这件事吗？"

（2）"你是不是感到恼火，因为你希望每个人都能被听到？"

（3）"你是不是希望我等大家轮流发言之后再接着讲？"

3. 无回应范例

4. 回应范例

（1）"停！停！请停下来！我需要帮助！我希望能听到你的心声，但我现在太难过了，做不到这一点。我感到绝望！我需要我们慢下来！你能告诉我，你听到我刚刚对你说了什么吗？"

（2）"她疯了！哦，自我同理……听到她的反应，我很震惊，非常震惊……我需要……需要……先明白她为什么会这样做。这没道理——我感到困惑、迷茫。我需要清晰，我还感到非常、非常、非常、非常、非常沮丧……悲伤，我感到悲伤和失望。我曾梦想我们一起工作，密切配合，相互支持。我希望能信任她——我以为我们已经约定好了。我感到困惑、难过和受伤……我想搞明白她为什么这么做，我也希望她能理解我。"

5."我意识到一开始看起来可能有点尴尬，但我真的很感谢你把你听到我说的话告诉我。对我来说，知道自己已经准确地表达很重要，因为我非常看重连结。"

6.回应范例

A：我知道你想让我们练习复述所说的话，但我们在这里有其他的议题要讨论，有工作要做。你知道，我们无法花一整天在这里和你闲聊。

B（使用非暴力沟通）：听上去，你想确保我们能完成既定任务？

A：当然。我们今天需要讨论很多东西以便做出一些明确的决定。

B（使用非暴力沟通）：你是不是感到有点焦虑，需要确保我们的讨论是有效和清晰的？

A：没错。

B（使用非暴力沟通）：我很高兴听到你这么说。我也有同样的需要，如果我们可以先复述一个人说的话，再让另一个人表达，我会更有信心满足需要。你愿意尝试一下吗？

练 习

阅读这些范例，留意与你的回应有何相似或不同之处。你注意到了哪些不同？在阅读了范例后，你会如何修改自己的回应？

第八章

关于《同理心的力量》的练习

📝 个人任务

阅读回顾

1. 人本主义心理学之父卡尔·罗杰斯与小学生米莉,在什么方面理解一致?

2. 在什么情况下,我们最不愿意表达脆弱(让别人看到我们的内在到底发生了什么)?在这些情况下,我们可能会做什么?

3. 为什么同理倾听对你说"不"的人非常重要?

4. 为什么马歇尔提醒我们不要在一个愤怒的人面前说"但是"?

5. 根据作者所言,为什么有时谈话会死气沉沉甚至无法继续?有什么方法可以让对话恢复活力?

6. 对许多人来说,"打断"是一种社交禁忌。是什么给作者勇气去打断对方说话?

7. 当他人保持沉默时,我们可以做什么?

个人练习

1. 回想两个你与他人发生冲突的情境:其中一个情境是与你的上级或你认为地位高于你的人(例如某个权威人物)的冲突;另一个情境是与你的下级或在某方面依赖你的人(例如一个孩子)的冲突。在同理倾听他们时,你会说什么?对于这两个不同的情境,你注意到同理倾听的难易程度有什么不同吗？

2. 克利夫兰市的黑帮成员嘲笑马歇尔："嘿，你们看！他说他感到难过，这可太糟糕了！"此时，作者如果按四种选择的方式来回应，可能会说什么？请写下来。

（1）指责自己；

（2）指责他人；

（3）体会自己的感受和需要；

（4）体会对方的感受和需要。

3. 回忆一个你认为对方嘲笑你（或恐吓你、有意伤害你）的情境。

（1）在回忆时，不论浮现怎样的感受和身体知觉，请花点时间与它们保持同在。

（2）你体会到什么感受和需要呢？（可能有许多）

4. 你能回顾一个曾有意伤害他人并以他人的痛苦为乐的情境吗？如果有，请回想你当时是怎样的感受。除了看到别人痛苦让你表面上感到开心外，你还有其他什么别的感受吗？你当时有什么得到满足或尚未得到满足的需要呢？

5. 回到你在3中想到的情境。即使对方看上去是幸灾乐祸的样子，请看看你是否可以体会到对方当时的感受和需要。

6. 你认为我们为什么比较能同理倾听陌生人或不太熟悉的人，但对那些与我们很亲近的人却反而很难做到呢？

7. 练习将"不"翻译成"是"。当我们对某事说"不"时，实际上我们在对某个其他的事说"是"。例如，我之所以对"外出吃冰激凌"说"不"，是因为我在对"留在让我感到安全的地方"说"是"。回想两三个你对他人说"不"的例子。你在说"不"的背后，那个"是"是什么？使用正向的语言表达你想要什么或需要什么。

8. 你是否可以回想起一个与某人交谈时感到无聊的例子？有的话，请写下如果用非暴力沟通的方式表达，你可能会说的话。请再举两个例子来说明，你会说些什么话使对话变得鲜活。

9. 想象或回忆一个情境，对方既不与你交谈也不回答你的问话。

（1）你可能有怎样的感受和需要？

（2）对方可能有怎样的感受和需要？

（3）在这种情况下，你可以如何同理对方？

（4）你可以如何表达自己？

将评判翻译为自我同理

刺激：

我不敢相信，一年前你妈妈摔倒，你从来没有费心去查清她是否摔断了骨头。你应该带她去医院做个X光检查，这是多么简单的事，这样她今天就不会有事了。你不应该不管不顾。你看，现在她再也没法走路了。

疏离生命的想法	自我同理
真是个麻木不仁的混蛋！	心烦意乱……听到他这样对我说，我实在太烦了……在这样一个非常脆弱的时候，我需要善意，我想听到更多贴心的话。
他实在太粗鲁了。他有什么权利告诉我该怎么做？	呃……嗯，我的感受是什么？我感到热，我的脖子感到紧绷，我感到，是的……恼怒，胸口发紧……堵得慌……当我说"他很粗鲁"时，我感知到自己想要的是尊重，我希望在选择自己做事情的方式上得到更多接纳。
这家伙就只是动动嘴皮子，他哪里知道为了做X光检查我都经历了什么！他真无知！	我感到很受伤，我很难过。他根本不知道发生了什么。我需要被理解，希望有人知道我经历了多少挑战和困难。我想被看见和真正地得到理解。

10. 看一下上面这个"将评判翻译为自我同理"的表格。

（1）一位女士听到表格最上方的话，这些话是"刺激"。

（2）她听到指责与批评，她的思绪转向"他有什么问题"（见左边"疏离生命的想法"一栏）。

（3）觉察到自己的想法后，她意识到自己的痛苦。接着，她很努力地将想法翻译为"自我同理"（见右边一栏）。她知道，如果关注自己的需要而非"他的问题"，她将更有可能使自己的需要得到满足。

在这个例子中，这位女士将她的惯性想法翻译成对自己说的话，这样做并不能捕捉到自我同理的精髓——自我同理是非语言的。它需要我们停下来，充分留意我们内在的体验。不是去想我们的感受，而是去感受我们的感受，并且向任何涌动的感受敞开自己，与之同在。既不从中退缩也不试图改变，或是用头脑去处理它们。这不是要用准确的语言成功地找到我们未被满足的需要，而是充分地感知我们的内心对未被满足的需要的渴望。自我同理不是快速地解决问题，而是一个可能需要花些时间处理的过程。当我们允许自己走完这个过程时，将会体验到它带给我们的内在的转化、某种深化与释放。

注 意

有时我们会担心"深陷于"或"沉溺于"被我们认为"消极"的感受，当我们专注于这些感受时，人们有可能会害怕，以为是在喂养或助长它们。自我同理是与任何感受充分同在并且接纳它们，而非推开（否认）或紧紧抓住（延长）它们。

> 我们倾向于回避不愉快的感受，即使我们在理智上知道"只有感受它们才能疗愈它们"。"沉溺于"感受时，我们会持续不断地想着这些感受，或想着触发这些感受的环境，而不是与感受同在。我们每个人都需要去探索和发现什么是"临在"的本质，即与感受同在，而非否定感受或沉溺于其中。

11. 选取一个情境，在这个情境中，某个外部的刺激触发了你的惯性想法。

（1）以观察而不带评论的方式写下刺激。

（2）写下被这个观察所触发的"疏离生命的想法"。

（3）翻译这些想法：你有什么感受，在这些想法背后有哪些未被满足的需要？允许自己静静地与任何浮现的感受和需要同在。当你允许自己充分地与自己和内在的感受同在时，留意会发生什么。

（4）当你觉得已经完成这个过程，写下你探索到的感受和需要，以及任何给你留下深刻印象的内容。

带领人指南

邀请大家在今天活动的整个过程（从一开始的打招呼到最后的道别）充分觉察和练习同理心。如果我们每个人都花时间练习，有意识地带着同理心去回应他人和自己，我们的世界会变成什么样子？想象一下，用2.5小时处在这样一个世界里，来共同品尝这种滋味吧！

请自由开展下列活动，使小组专注于同理倾听的练习。

1. 在小组成员之间自发地进行同理倾听的互动；
2. "同理倾听"环节（参见第三部分"一起练习"的第十章）；
3. 分享你对个人练习的回应；
4. 进行任意下面设计好的同理倾听的练习。

活动1：同理对话

选取这个发生在戒毒中心的对话，并且持续至少两个来回。想象一下，这位女士在这样一个危及生命的时刻，依然保持在内在的同理心之中。

1. 男：给我一个房间。
2. 女：所有的房间都满了。
3. 男（用刀抵住她的喉咙）：你这个婊子，别骗我！你们肯定腾得出一间房！
4. 女：听起来你真的很生气，你想有一个房间可以休息。
5. 男：就算我是个瘾君子，但在上帝面前，我也配得到尊重！我受够了没有人尊重我，连我的父母也看不起我，我需要得到尊重！
6. 女：得不到你想要的尊重，你受够了，是吗？
7. 男：＿＿＿＿＿＿＿＿＿＿＿＿＿＿＿＿＿＿＿＿
8. 女：＿＿＿＿＿＿＿＿＿＿＿＿＿＿＿＿＿＿＿＿
9. 男：＿＿＿＿＿＿＿＿＿＿＿＿＿＿＿＿＿＿＿＿
10. 女：＿＿＿＿＿＿＿＿＿＿＿＿＿＿＿＿＿＿＿

───────── 练 习 ─────────

自行完成对话中7、8、9、10的部分。将你的回应记录在本子上。

活动2：练习表达你的同理倾听

练习向说了下列这些话的人表达你的同理倾听。使用这样的格式："你是否感到……因为你需要……？"

1. "我为他们做饭的那家人真的很挑剔。"
2. "保持安静！"
3. "如果你爱自己的国家，你就不会说这样的话。"
4. "反正我的爸妈从来不会告诉我真相。"
5. "我无法忍受你总是这样反驳我。"

练 习

你可以尝试自己练习。将你的回应记录在本子上。

活动3：同理心角色扮演

一位参与者从以下任意一句话开始进行角色扮演，小组里的其他人对他进行同理倾听。讲述者继续对话，直到他认为自己完全被倾听到。记住："教导之前先同理。"在讲述者得到充分同理前，请不要解决问题和提出意见。

1. "我不知道要怎样对待我的生命中那些坚持拒绝听我说话的人。"
2. "当有人给我贴标签时，我感到痛苦。然而，我随之也意识到，他们在给我贴标签时也很痛苦。我该怎么办？"
3. "当我意识到自己在指责一个显然需要同理的人时，我看到自己关上了心门，并以自责告终。这样做没有什么好处，不是吗？"
4. "自从我开始使用非暴力沟通，别人就趁机占我的便宜。我的同事、物业经理，甚至我的孩子都会欺负我，因为他们都知道我现在拿他们没办法。"

练 习

在朋友或家人表现出强烈的需要和感受时，练习表达对他们的同理。或者尝试在观看电视节目或电影时，同理其中的角色的感受和需要。将你的回应记录在本子上。

回应范例

对"活动1：同理对话"的回应

7. 男：是的，我受够了！我病了，又这么累！我不想再忍受下去了！

8. 女：听起来你下定决心要保护好自己并且要得到你所需要的尊重。

9. 男：是的，是的，没错。没有人知道那是什么感觉……他们迫使我什么东西都要乞求才能得到，一点点的食物、住的地方……

10. 女：你是不是感到沮丧，希望他人可以理解你的处境是如此痛苦？

> **练 习**
>
> 阅读这些范例,留意与你的回应有何相似或不同之处。你注意到了哪些不同?在阅读了范例后,你会如何修改自己的回应?

对"活动2:练习表达你的同理倾听"的回应

1. "你是不是感到灰心,因为你需要得到欣赏?"
2. "你是不是感到恼火,因为你需要尊重?"
3. "你是不是感到焦虑,因为你需要相信国家会得到支持?"(或者"你是不是感到焦虑,因为你看重支持和社群?")
4. "你是不是感到挫败,因为你需要诚实与连结?"
5. "你是不是感到沮丧,因为你需要和谐?"

> **练 习**
>
> 阅读这些范例,留意与你的回应有何相似或不同之处。你注意到了哪些不同?在阅读了范例后,你会如何修改自己的回应?

第九章
关于《爱自己》的练习

📝 个人任务

阅读回顾

1. 为什么马歇尔强调把非暴力沟通用在我们自己身上如此重要?
2. 如果忘记了我们"生而为人,而不是一把椅子"背后"深刻又无以言表的原因",意味着我们失去了什么?
3. 当人们对自己的所作所为不满意时,会倾向于如何评价自己?
4. 为什么马歇尔希望将避免自我评判看作一条通往成长、学习与改变的路径?
5. 一旦人们意识到我们的友善行为是出于羞愧或内疚时,他们可能会如何回应?
6. 为什么马歇尔认为"应该"是一个"暴力"的词语?
7. 反复声明我们"必须"做某事实际上却可能妨碍我们去行动。为什么?
8. 依据非暴力沟通,当我们暗示他人是错的或坏的,我们真正在说的是什么?
9. 马歇尔强调和重视的自我评价的两个部分是什么?
10. 当我们批评自己"搞砸了"的时候,我们可能会有怎样的感受?
11. 当连结到自我批评背后未得到满足的需要时,会发生什么?

12. 描述非暴力沟通的哀悼与自我宽恕的过程。

13. 当我们慈悲地对待自己时,我们会同理自己的哪两个部分?

14. 将"不得不"转化为"我选择"的三个步骤是什么?

15. 这样转化的目的是什么?

16. 在什么情况下,我们仍然可以将艰难的工作、挑战和挫败当作"玩耍"来体验?

17. 举出两个外在奖励的例子。

18. 受外在奖励驱动的缺点是什么?

19. 马歇尔认为,当我们与自己的需要切断联系时,什么行为对社会极其危险?为什么?

个人练习

1. 长颈鹿(非暴力沟通)的哀悼。

当我们过去做了让自己后悔的选择时,这是一个疗愈自己的过程。通过承认自己的遗憾以及自我同理的方式,我们得以超越过去的限制而获得成长。

我们也许认为,通过持续指责自己并保持内疚和羞耻感,就可以"纠正"或"弥补"过去的错误。而圣方济·沙雷却写道:"那些对自己犯下的错误感到苦恼的人不会纠正错误。所有有效的纠正来自宁静与平和的心。"

在我们的文化中还有这样的信念,认为让肇事者受苦可以弥补受害者所经历的损失,即以牙还牙。作为一名非暴力沟通实践者,如果我因为你的行为失去了一只眼睛的视力,我知道,就算你进行自我评判甚至把你的眼睛给我,也无法满足我深深渴望着的同理、慈悲、安全等需要。只有当你真正地为你所做的选择尽全力进行深刻的哀悼后,我才能从你那里获得我真正所需要的。只有当我听见你深切的哀悼并且你能深切地同理我的需要时,我们之间的疗愈与和解才会发生。

使用下面的流程图来哀悼你曾经做过的、如今仍感到后悔的一个选择。

（1）观察：过去我说了什么或做了什么令我现在仍感到遗憾；

（2）自我评判：在我那么说或那么做了之后，如何看待自己的言行；

（3）此时的感受和需要：将自我评判转化为感受和需要；

（4）自我同理：当我选择那么做或者那么说时，我试图满足的需要是什么？

（5）此时对自己的请求：觉察此时自己的感受以及未得到满足的需要（3），我希望用请求的方式来满足我的需要（4）。

哀悼：疗愈过去

回想你过去做过的某件事或者说过的某些话，对此你现在感到很后悔。
A、D 指过去的事，B、C、E 指现在的事。

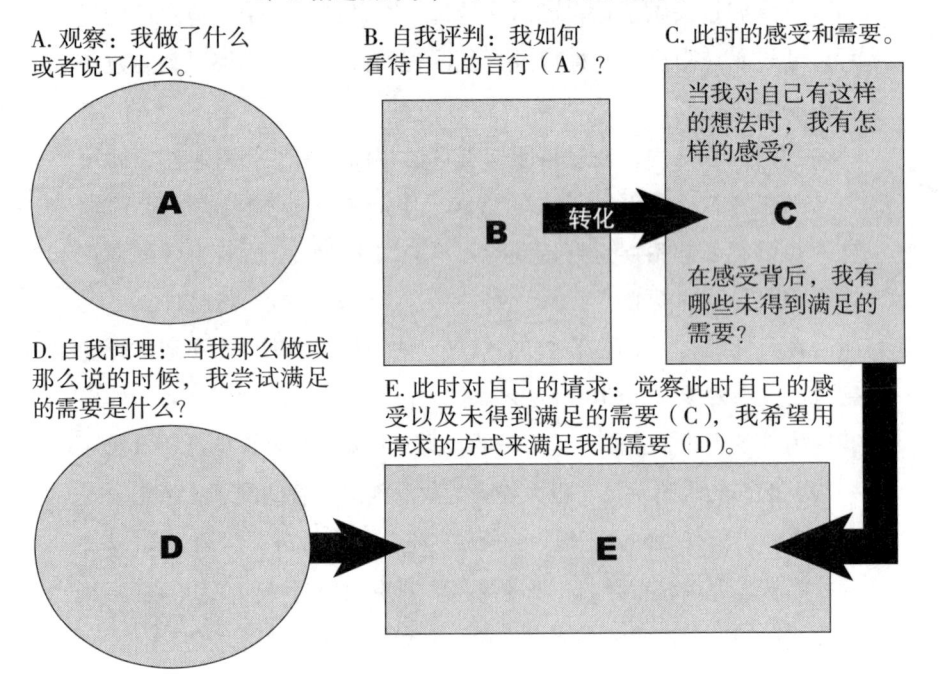

A. 观察：我做了什么或者说了什么。

B. 自我评判：我如何看待自己的言行（A）？

C. 此时的感受和需要。

当我对自己有这样的想法时，我有怎样的感受？

在感受背后，我有哪些未得到满足的需要？

B —转化→ C

D. 自我同理：当我那么做或那么说的时候，我尝试满足的需要是什么？

E. 此时对自己的请求：觉察此时自己的感受以及未得到满足的需要（C），我希望用请求的方式来满足我的需要（D）。

D → E ← C

2. 将"不得不"转化为"我选择"。

列出所有你不喜欢做又认为自己不得不做的事。使用以下格式：

"我不得不＿＿＿＿＿＿＿＿＿＿＿＿＿＿（写下任务）。"

改为下列陈述：

"我选择＿＿＿＿＿＿＿＿＿＿＿＿（上述任务），因为我想要＿＿＿＿＿＿＿＿＿＿＿＿（填写你所看重的、需要的或者想要的）。"

3. 想想你试图在生活中获得金钱的方式，你选择了这些策略来满足特定的需要。列出这些需要，对你提到的需要至少想出一种不一样的策略。

例如：

为了得到钱，我向哥哥要他答应给我的25美元。上个月，我们给妈妈买生日礼物，我代他出了这笔钱。

（1）我的需要：

①平等和平衡：我希望每个人都能做出平等的贡献，来支持妈妈的安康；

②可靠性：我想知道我能指望约定得到遵守；

③连结：我想重新和前女友建立联系，想要邀请她吃午餐。

（2）满足这些需要的其他可能的策略：

①表达我对平衡的需要，询问哥哥是否愿意接下来陪妈妈去看两次病；

②表达我对可靠性的需要，与哥哥一起探讨我如何能更多地信任他能说到做到；

③找到一些独特又不用花钱的方式来满足与前女友连结的需要。

4. 马歇尔在该章开头引用了甘地的话："若要寻求这个世界上的改变，就让自己成为改变。"做出具体的观察，看你如何成为你想在世界上所寻求的改变。

🎤 带领人指南

给所有完成个人练习的参与者一次机会，来分享他们的流程图（个人练习1），以及将"不得不"转化为"我选择"的列表（个人练习2）。请参与者描述从这两个过程中分别学习到了什么。在这个活动中，如果需要的话，可以分成2~3个小组，以便为每个人创造足够的时间来分享。

如果参与者没有在家完成个人练习1，可以邀请一个愿意现场示范练习的志愿者分享一件令他们现在感到后悔的事情，在每一步给出提示，来支持他们完成这个过程。鼓励他们说出任何对自己的评判或在这个过程中涌现的想法。一定要慢下来，要记住这个过程不仅是要找到并说出感受和需要，而且是要深入地连结内在当下鲜活的状态。

若在本周完成个人练习1和2后还有时间，可以继续探索将金钱作为策略的主题以及背后的需要。在结束的时候，可以让参与者庆祝自己是如何成为在这个世界上所寻求的改变的（个人练习4）。

> **注 意**
>
> 以下练习提供给想要在自我评判方面进一步深入的团体。

内在对话：自己、（自我）评判者、（自我）辩护者

觉察到自我评判的想法，能为我们提供转化的机会，使我们连结我们的感受和需要。不过，如果自我评判开始出现时，我们就快速地觉察到并进行防御，或安慰自己，我们便又增加了一层想法，这会让我们远离最初的感受和想法。以下的这段内在对话说明了这

一点。

自己：嗯，箱子底部是什么？哦，是一大堆我忘记的文件。

评判者：啊，看看这些到期未付的账单！我把事情搞得一团糟！为什么我就是没办法振作起来？按时付账单又不是什么难事！

辩护者：不要对自己这么苛刻，人总有忘记的时候。

评判者：是的，但我总是忘记事情，总是丢三落四，然后就只能延期付款。我简直不敢相信自己怎么会总是如此……

辩护者：停下来！你并不总是这样！不要这样斥责自己。在非暴力沟通中，我们不应该评判自己，还记得吗？那只会让事情变得更糟。记住我们都在尽自己所能做到最好，做自己就好。我们确实会犯一些小错误，遗忘一些事情，不用大惊小怪！我们现在要做的就是坐下来付清账单。没事的。

> **注 意**
>
> 当讲述者坐下来支付账单时，这段内在对话就结束了。

翻译内在对话

以下说明参考了上面的自我对话范例。当你熟悉了所建议的程序后，你可以将它们应用在参与者进行的类似对话中。

1. 三位参与者坐在一起，分别扮演这三种声音["自己""（自我）评判者""（自我）辩护者"]，念出相应的台词。

2. 一位参与者同理倾听辩护者的声音，回述其感受和需要。慢慢来，在想安慰、辩护、否定或者搞定问题的声音背后可能有许多层次的感受和需要。

（1）辩护者：不要对自己这么苛刻，人总有忘记的时候。

同理倾听上面的话语（回述感受和需要）。

（2）辩护者：停下来！你并不总是这样！不要这样斥责自己。在非暴力沟通中，我们不应该评判自己，还记得吗？那只会让事情变得更糟。记住我们都在尽自己所能做到最好，做自己就好。我们确实会犯一些小错误，遗忘一些事情，不用大惊小怪！我们现在要做的就是坐下来付清账单。没事的。

同理倾听上面的话语。

3. 当辩护者的感受和需要被充分听到后，辩护者就可以来准备同理倾听评判者。辩护者现在帮助评判者连结评判背后的感受和需要。（"哀悼"的过程）

（1）评判者：啊，看看这些到期未付的账单！我把事情搞得一团糟！为什么我就是没办法振作起来？按时付账单又不是什么难事！

同理倾听上面的话语。

（2）评判者：是的，但我总是忘记事情，总是丢三落四，然后就只能延期付款。我简直不敢相信自己怎么会总是如此……

同理倾听上面的话语。

4. 当自我评判完全被转化为感受和需要时，评判者就可以来准备同理倾听讲述者自己。

评判者帮助自己连结选择逾期付账单的背后有怎样的感受和需要。（自我宽恕）

允许自己连结选择逾期付账单背后的需要。

5. 在结束前，询问每一位参与者在被同理倾听后，能体验到多大程度的转变。邀请小组中的其他人分享他们的观察和学习。

> **练习**
>
> 你还记得某个打断自我评判的时刻吗?
> (1) 写下那时你对自己说了什么;
> (2) 同理倾听那个声音。

回应范例

对"内在对话:自己、(自我)评判者、(自我)辩护者"的回应

2(1) 辩护者:不要对自己这么苛刻,人总有忘记的时候。

同理倾听辩护者:当你开始听到自我评判的声音时,你是不是感到焦虑,因为你非常看重慈悲地对待自己? 你想知道当我们犯错的时候,我们可以原谅自己,是吗?

2(2) 辩护者:停下来!你并不总是这样!不要这样斥责自己。在非暴力沟通中,我们不应该评判自己,还记得吗? 那只会让事情变得更糟。记住我们都在尽自己所能做到最好,做自己就好。我们确实会犯一些小错误,遗忘一些事情,不用大惊小怪!我们现在要做的就是坐下来付清账单。没事的。

同理倾听辩护者:你是不是感到痛苦,并希望相信,哪怕对自己所做的选择感到挫败,我们仍然可以接纳自己、善待自己和理解

自己？我想知道，你是否也感到害怕，因为你想要保护我免受听到这些评判会带来的痛苦与羞耻？

3（1）评判者：啊，看看这些到期未付的账单！我把事情搞得一团糟！为什么我就是没办法振作起来？按时付账单又不是什么难事！

同理倾听评判者：你是不是感到失望，因为你希望自己能按时完成任务？

3（2）评判者：是的，但我总是忘记事情，总是丢三落四，然后就只能延期付款。我简直不敢相信自己怎么会总是如此……

同理倾听评判者：当你回想这种情况不止一次发生时，听起来你感到非常挫败，因为你想相信自己可以从过去的错误中吸取教训？当你想到可能的后果时，你是不是也感到担心，因为你看重有效地利用自己的时间和金钱？

4. 允许自己连结选择逾期付账单背后的需要。

我可以看到，这个月在工作之余，我主要关注园艺、家人和朋友，还有新的饮食和锻炼计划。我选择以这样的方式来安排我的时间和精力，因为我看重身体健康、与我爱的人在一起并且为他们的安康做出贡献，以及看重与地球连结并且滋养地球上的新生命。

练 习

阅读这些范例，留意与你的回应有何相似或不同之处。你注意到了哪些不同？在阅读了范例后，你会如何修改自己的回应？

第十章

关于《充分表达愤怒》的练习

📝 个人任务

阅读回顾

1. 作者向那些对社会和政治不公感到愤怒的人保证,非暴力沟通不将愤怒看作＿＿＿＿＿＿,而是＿＿＿＿＿＿。

2. 在听到不中听的话时所面对的四种选择中,我们在愤怒时会选择哪一种回应方式?

3. 是什么刺激了愤怒?

4. 为什么区分刺激和原因很重要?

5. 如果你想用＿＿＿＿＿＿来控制他人的行为,则会混淆刺激和原因。

6. 当我们看到有人在做我们认为有害的事情,比如污染环境,作者建议我们最好关注＿＿＿＿＿＿,而不是＿＿＿＿＿＿。

7. 愤怒对我们有怎样的价值?

8. 作者建议我们反复练习,将"我很生气,因为他们……"这句话替换为＿＿＿＿＿＿。

9. 作者从连续两天被人打到脸的经历中学到了什么?

10. 一旦与自己的需要建立真正的连结,我们的愤怒会发生怎样的变化?

11. 为什么无论从实践、技巧还是理论角度,作者都强调刺激与原因的不同？

12. 当人们误以为＿＿＿＿＿＿时，就会产生暴力。

13. 当我们以＿＿＿＿＿＿的方式表达需要时，大多数人很难专注于我们的需要。

14. 若他人出于害怕、内疚或羞愧来满足我们当前的需要，会发生什么？

15. 描述表达愤怒的四个步骤。

16. 在第三步和第四步之间，你可能需要做什么？为什么要这样做？

17. 当暴力的想法出现在我们的头脑里时，作者建议我们做什么？

18. 马歇尔不希望出租车上的那个人听到指责或承认自己有种族歧视行为，为什么？

19. 对于大多数人来说，为什么运用非暴力沟通的过程可能会很别扭？

20. 解释"'肤浅地'表达愤怒"和"'充分地'表达愤怒"的区别。

个人练习

---- 练 习 ----

练习1需要一次性完成，并且可能要花些时间。在开始前，请阅读完整的说明以及后面"什么是愤怒？"的示意图。

1. 回想一个你感到愤怒的时刻。想一想当时的具体情形（现场的环境和氛围、你身体的姿势、其他人的样子、你周围的声音等。

（1）以观察的形式来识别是什么刺激（或触发）了你的愤怒。

（2）你的头脑里有哪些"应该"的想法？

（3）将"应该"的想法翻译为需要。也许会产生多个想法，所以要留意每个想法背后的需要。包括四种"疏离生命的语言"形式，即使并没有出现"应该"这个词。（四种"疏离生命的语言"形式是诊断、否定责任、要求以及"应当如何"的语言，详见本部分第二章中的个人任务。）

（4）当你意识到自己未被满足的需要时，给自己充分的时间，静静地体会它们。"当我意识到自己对＿＿＿（以及＿＿＿和＿＿＿）的深切渴望，并且意识到这些需要没有得到满足时，我感到＿＿＿。"现在进入你的内在，看看有什么发现。

你可能会注意到各种身体知觉、情绪以及心理状态（参见"什么是愤怒？"的示意图）。不论出现什么，都保持与它同在，无须找到"正确的词语"来表达。

此外，你可能会注意到各种各样的想法与画面（在你的脑海中）来来去去，从"她确实在我的内心留下了伤痕"，到"这个练习很愚蠢"，以及"我再也不会做那种事了"等。当一个想法出现时，提醒自己"这只是一个想法"。然后，放开它，慢慢地将你的注意力带回到感受的层面，注意你在自己身上发现的身体知觉、情绪以及心理状态。

如果你走神儿了，你可以通过重复"当我意识到我对＿＿＿的需要没有得到满足时，我感到＿＿＿"将自己的注意力带回来。当你意识到自己未被满足的需要时，不论有怎样的感受出现，允许自己充分地体会它。

当你意识到自己已经完成探索时，就可以从容地结束这一部分。

131

（5）现在，用语言来表达你当时未被满足的需要所引发的感受（情绪）。

（6）使用非暴力沟通的四要素来"充分表达你的愤怒"，就好像你在这一刻正在对对方说话：

· 观察（刺激）；

· 感受（愤怒之下）；

· 需要；

· 请求。

（7）当你用上述方式表达时，你认为对方能够充分听见你的感受和需要吗？如果不能，写下你会如何同理倾听对方。

（8）使用非暴力沟通的四要素来表达自己：

"完成这个关于愤怒的练习后，

"我感到_____，

"因为我_____，

"我想要_____（可以是对自己的请求）。"

（9）这个过程有哪些部分对你来说比较容易，哪些比较困难？为什么？

2. 把一张纸分成两栏。在左边一栏，写下你在脑海中最常浮现的对他人的评判。例如"我不喜欢……的人"。针对每一个评判，问自己："当我对这个人如此评判时，我在当下有哪些需要没有得到满足？"把你的需要写在右边一栏。

3. 下次发现你感到愤怒时，请参考"附录4：遭遇愤怒破坏时，SSTOP！"中的表格，尝试按照相关步骤走完全过程，仔细观察你的想法与感受，在表格中记下你的观察和发现。

什么是愤怒?

愤怒是一种不断变化的体验:

想法
他们对我做了这件事!然后他们又做了那件事!他们怎么胆敢＿＿!他们太＿＿!这群人真是＿＿!他们怎么可以这样对待我?等着瞧!让他们看到我的厉害!我从来没有见过这样＿＿。他们应该……他们不应该……

感受

身体知觉
热、冷、紧、压迫、压力、收缩、振动、刺痛、悸动、重击、剧痛、颤动、呼吸沉重、眩晕、不稳、情绪涌动、脸红……

情绪
失望、害怕、羞耻、伤心、受伤、震惊、绝望、恐惧……

心理状态
焦虑、困惑、迟钝、沉重、收缩(头脑感受到的紧缩)、急迫(强烈地想要移动、表达、行动的冲动)……

带领人指南

对大多数人来说,"充分表达愤怒"的完整过程往往需要不少时间。这不是一个仅仅通过口头使用非暴力沟通的四要素来发泄的过程,不建议参与者把它看作互相宣泄的机会。同时,请参与者不要期待当场就能够完成所有步骤并实现内心的转变,尽管发生转变是有可能的。可以尝试的是,在本次共学中,为正在体验愤怒的参与者延长"同理倾听"的时间,让他们能充分被听到,然后再通过"充分表达愤怒"得到支持。除了"同理倾听"环节,可以让参与者分享对个人练习的回应。你也可以使用"附录4:遭遇愤怒破坏时,SSTOP!"的表格来引导这个过程。

以下活动可以作为额外练习来识别"应该"的想法,并把它转化成需要。

活动:识别"应该"的想法

以下是讲述者在愤怒时的想法和画面,分别在其中识别:
·有哪些与之相关的"应该"的想法?
·背后有哪些未被满足的需要?

1. "老师们没有权利使唤我们。"
2. "芭芭拉真是个懒人,她比其他任何人都更有时间来完成这个项目。现在我们都必须跟着一起付出代价。"
3. "你胆敢在和我说话的时候提高嗓门?!"
4. "他们凭什么认为比我们强得多?"
5. "所有那些富得流油的跨国公司,都活该被人砸破窗!"
6. "我没法忍受她这么甜腻的说话方式,好像她真的那么在乎这里的每个人似的。"

7."你这个变态！"

8."真不敢相信，他竟然向我要搭车的钱！在他们小时候，我不知道让他们兄弟免费搭了多少次车！"

9."你太迟钝了，你难道没有注意到我整个晚上走路都是一瘸一拐的吗？"

10."白痴！"

练 习

你可以尝试自己练习，将回应记录在本子上。

回应范例

对"活动：识别'应该'的想法"的回应

识别"应该"的想法及其背后可能的需要。

1."应该"的想法：老师们不应该使唤我们。老师们应该用不同的方式对待我们。

需要：自主、理解。

2."应该"的想法：芭芭拉应该尽自己的责任。她不应该让我们所有人都受苦。

需要：体贴、可靠性。

3."应该"的想法：你说话的时候不应该冲着我提高嗓门。你应该好好说话。

需要：尊重、安全。

4."应该"的想法：他们不应该这么自以为是。他们应该更明白事理。

需要：理解、尊重。

5."应该"的想法：他们让其他人受苦，所以他们也应该受苦。他们不应该通过剥削人来发财。

需要：相互性（需要平衡、平等地付出与得到）、同情。

6."应该"的想法：她应该真实些。她不应该那样虚伪。

需要：真实、信任。

7."应该"的想法：你不应该这样去想或这样去做。你应该负责任地行事。

需要：安全、尊重。

8."应该"的想法：他不应该向我收费。他应该记住我过去常常让他搭车。

需要：支持、相互性。

9."应该"的想法：你应该注意到我一瘸一拐的。你不应该这样漠不关心。

需要：觉察、关注。

10."应该"的想法：你应该知道的。你不应该说这么愚蠢的话。

需要：体贴、理解。

练 习

阅读这些范例，留意与你的回应有何相似或不同之处。你注意到了哪些不同？在阅读了范例后，你会如何修改自己的回应？

第十一章
关于《化解冲突,调和纷争》的练习

📝 个人任务

阅读回顾

1. 在将非暴力沟通应用于化解冲突时,若没有某个因素,其他的非暴力沟通步骤都不会有效果,这个关键因素是什么?

2. 就用非暴力沟通化解冲突的目的而言,请解释"满意"与"妥协"的区别。

3. 基于非暴力沟通的调解与传统的调解,做法有哪些不同?

4. 该章中概述的将非暴力沟通应用于化解冲突的五个步骤是什么?

5. 界定"需要"和"策略"在非暴力沟通中的使用。

6. 在冲突的情境中,为什么用清晰地表达需要取代分析对事件的双方来说是至关重要的?

7. 同理心在调解冲突中的角色是什么?

8. 对于在财务问题上存在长期冲突的这对夫妻来说,他们各自有哪些相关的需要?

9. 各方在冲突解决过程的最后一步探索策略时,马歇尔强调了使用语言的哪三个方面?

10. 马歇尔如何区分"行动语言"和"非行动语言"?

11. 为什么相较于"非行动语言",马歇尔更喜欢用"行动语言"?

12. 当对方无法答应我们的请求时，我们需要倾听的是什么？

13. 你如何描述非暴力沟通调解人的角色？

14. 对于在冲突双方之间开展调解工作，马歇尔给我们提供了什么提示和建议？

15. 当马歇尔目睹一位母亲打了她的小孩时，为什么他首先做的是去同理那位母亲？

个人练习

调查连结的意愿

马歇尔强调，在解决冲突时，最重要的是"有意愿与人建立连结"，这会使非暴力沟通的所有其他步骤都奏效。

1. 找一个目前正与你发生冲突的人。（如果眼前没有，那就选择一个过去的经历。）

2. 通过有意识地呼吸或专注于身体知觉，进入平静的状态。在内在的平静或安静的状态下留意任何变化的发生。

3. 几分钟的安静时光之后，将这个冲突对象带进你的脑海中。当你邀请他或她进入你的意识时，试着闭上眼睛。当你在脑海中观察这个人的外貌、姿态或表情，气味或行为举止，嗓音或携带的能量时，留意你自己的感受和身体知觉。慢慢来。

4. 当你在内心对这个人有了一些感觉之后，问问自己是否愿意与这个人建立连结。"我是否愿意将这个人视为与我一样有着感受和需要的人类同胞？我是否愿意倾听并充分地体会这个人的感受和需要？我是否关心这个人的需要能否得到满足，就像关心我自己的需要一样？"

5. 是否愿意与此人建立连结？如果答案是肯定的，参考下面的（1）；如果答案是否定的，参考下面的（2）；如果答案既是肯定的又是否定的,或者两者都不是,参考下面的(3)。

> **注　意**
>
> 无论你的答案是肯定的、否定的、矛盾的、困惑的、摇摆不定的还是其他复杂的状况,试着不加评判地接受它。我们正在调查真相——我们自己的主观真相。通过搁置我们的评判与喜好、我们应该是怎样的、应该如何感受或思考,我们就在尊重自己以及我们的真相。

(1)是。

① 让你自己停留在"是"的体验中。想象自己面对着这个人,并且表达你发自内心的"是":"是的,我愿意敞开自己来倾听并充分接收你的感受和需要。是的,我关心你的需要是否得到满足,就像关心我自己的需要一样。是的,我们有着共同的人性,有着同样的感受和需要。"

② 留意当你在"是"的体验中时,你的身心有怎样的感受。尽你所能地与它同在,敞开心扉、放松地进入这一刻的感受中。

通过练习,我们越来越熟悉"是"的状态,这可以成为我们在冲突中的一个锚定,尽管我们带着最好的意愿去连结,也可能遭到评判和敌人形象的破坏。即使在艰难而激烈的互动中,我们也能一次又一次地触碰到这熟悉的"是"的状态,从而成功地重启我们与人连结的意图。

通过这个练习,我们也更有能力识别出我们是想要建立连结还是缺少建立连结的意愿,后者有时是细微的。如果没有这项能力,我们很容易将非暴力沟通模型和化解冲突的步骤错误地用作一种技术,目的是从对方那里赢得我们想要的。

（2）不是。

如果不训练自己，让自己有能力做出不同的回应，大多数人往往习惯带着一些想法，这会阻碍我们对引发我们痛苦的人完全开放。重要的是要诚实地留意我们内在的"不"——看到我们内在缺乏连结的意愿，并避免因为这种普遍的人性反应来评判自己。

① 在一些冲突的情况下，我们可能希望自己能体验到完全接受对方的那种意愿。我们希望能听到他们的需要；希望能关心他们的需要是否得到满足，就像关心自己的需要一样。

让自己安静下来，检查一下，当你想到发生冲突的对方时，是否存在这样的愿望。

·如果没有，请继续本练习的下一节——（2）②。

·如果你留意到自己确实有这样的愿望，检查一下这种向别人敞开心扉的渴望有多么微妙或强烈。你在身体或者头脑中的什么地方体验到这个愿望？是否有强烈的情绪出现？如果有的话，你有哪些潜在的需要得到了满足或者未得到满足？与这份感受和需要同在，看看你能从中学到什么，以及你想要体验与他人连结的意愿有多么强烈。

② 在其他冲突的情况下，我们甚至可能并不想与发生冲突的另一方建立连结。我们完全不想接收他们的意愿，不想关心他们的需要，并且也不想感知我们和他们之间共有的人性。

让自己花一些时间停留在这份觉察上。观察任何出现的感受。这一刻有怎样的身体知觉？慈悲地与自己连结，探索感受背后的需要，也许是许多层面的需要。在"不"的背后找到"是"：你在对什么说"是"？是什么阻碍了你想要真挚地与对方连结？例如，你可能会发现对安全的需要、对尊重的渴望，或者对内外一致的强烈看重。找到你不愿与人连结的背后的需要。

这份理解是否会影响你进一步解决冲突？如果是的话，是怎样影响的？

（3）既"是"也"不是"，或者两者都不是。

通常，在发生冲突时，我们会注意到，当我们坦诚地面对自己时，我们保持开放且充分倾听对方的意愿也会发生改变或产生波动。要熟悉这种矛盾或摇摆不定的体验。花一些时间去连结内心涌现的一系列感受，耐心地和它们一一接触并连结它们背后的需要。

然后再来阅读上面的（1）和（2），深刻体会那些与你产生共鸣的内容。

同理倾听冲突中的对方

找到一个与你有过冲突的人，面对这个人，你感受到你能够足够开放地去与他或她建立心的连结。（可以是你在"调查连结的意愿"中聚焦的同一个人。）

写下这个人在冲突中所做出（或可能会做出）的各种陈述。

然后：

· 按照你所想象出来的这个人可能的说话方式念出每一句话。

· 留意你内在的反应，检查你的内心，看你是否愿意把这个人的幸福与满足感和你自己的幸福与满足感看得同等重要。

· 倾听每一句话，连结它们背后的需要。停下来静默同理，或者如果你愿意，也可以用语言来表达你的同理心，写在这个人的陈述下面。

表达需要和策略

在你刚才的冲突练习中，想一想你自己的需要。花点时间与每一个需要同在，允许自己感受任何出现的情绪和感知。

在你连结这场冲突引发的所有需要之后，想象一些你可能会向对方提出的策略。

写下下列内容：

·你找到的需要；

·你向对方表达这些需要时所说的话；

·你向对方提出的请求，代表着可以满足你自己和对方的需要的策略。

即兴练习

通过与冲突的另一方互动，将你学到的化解冲突的技能应用于生活的实际情况中。你可以选择在上述练习中使用过的冲突，或其他冲突，你愿意与冲突的另一方建立人与人的连结。

回顾"非暴力沟通化解冲突的步骤"一节的内容。与冲突中的另一方确认他们是否愿意和你一起来化解冲突。如果他们愿意，对他们的意愿表达感激，然后商定解决冲突的时间和地点。我们记得马歇尔鼓励我们，在互动的每一步都完整地反映非暴力沟通旨在支持我们的这种价值观。

如果你有一位NVC搭档，可以提前针对冲突事件进行角色扮演，并在之后总结你所学习到的精华内容。如果你发现自己需要被同理，可以直截了当地请求同理，但不要让你的NVC搭档用讲故事、分析或者同情的方式。

介入冲突调解

练习场景：你是一位家长，看到6岁的女儿跑向她的哥哥。哥哥从她身边走开，她追着他高声叫着说："说'对不起'，快说'对不起'！你必须说'对不起'！"

1.写下你在以下每一种情况下会如何回应：

哥哥突然停了下来，转过身来，看着妹妹的眼睛说：

场景一：你知道吗，我完全不知道你在激动些什么。

你的回应（你会说的第一句话以及对谁说）：

_____

场景二：你真以为可以让我道歉吗？

你的回应（你会说的第一句话以及对谁说）：

_____

场景三：离我远点，讨厌鬼！你很清楚是你先开始的，所以快闭嘴吧！

你的回应（你会说的第一句话以及对谁说）：

_____

2.如果你对上述三种情况做出了不同的回应，请描述它们的差异以及你选择它们的各自的原因。

带领人指南

如果你的小组内有冲突发生，这个环节可以成为一个现场练习的契机。确保小组中的所有成员（而不只是冲突中的各方）都愿意投入时间来化解冲突。小组一起来决定冲突双方是否想要得到来自他人的支持。

除了回顾化解冲突的步骤（如果需要，包括调解人的角色），请参考"第三部分：一起练习"中的第八章"拥抱冲突：提醒与建议"的内容。

邀请在场的每个人都阐明他们的意图，为化解冲突的过程创造一个正式的开场。最后，请每个人（包括观察者们）汇报自己的反馈。通过肯定以及感激小组成员为实现和平的意图所做出的努力，作为正式的结束。

如果小组没有现成的冲突案例，可以通过以下一个或两个精心安排的活动来进行练习。

活动1：冲突场景2

组成2~4人的小组。每个小组都提出一个可能的冲突，然后创建三种不同的场景，代表不同的冲突可能出现的表述。这些场景将作为练习材料，在本活动的第二部分发给不同的小组使用。

1.创建冲突场景（20分钟）。

（1）在小组中，回顾你是如何回应个人练习中"介入冲突调解"所描述的场景的。父母会怎样以不同的方式来调解该场景呢？

（2）选择发生在两个人之间的一次真实或想象的冲突。用不超过两句话来描述该冲突，写在纸上。试着用非暴力沟通的观察语言来识别冲突中的各方，包括他们的关系和冲突的情况。例如：一对老夫妻正在为他们的结婚60周年纪念派对精心装扮。其中一方请另一方穿某件衣服，而另一方表示拒绝。

（3）现在，创建三个该冲突可能会引发的场景，将对话限制在两句话内。

以下是三个场景的示例。

场景一：

A：如果你今天不穿这身衣服去参加派对，你这辈子什么时候还能有机会再穿它呢？（叹气……）

B：你什么意思？为什么说我要死了？

场景二：

A：在这个特殊的日子里，我真的很希望你能穿上让我感到开心的衣服。

B：那你自己穿上一件能让你开心的衣服不行吗？

场景三：

A：你显然根本不在乎我花了多少时间和金钱去定制面料来专门为你做这套衣服。

B：我可没让你这么做。

在你所选的冲突描述的下方，在上述三个场景上相应地放上数字1、2、3。

在纸上写下冲突的情景以及你设定的三个场景，用1、2、3来编号。

练 习

你可以自己来做：描述一个冲突，如上所示创建三个场景。

2. 为调解冲突进行角色扮演（20分钟）。

小组交换纸张后，每一组用收到的纸上所写的冲突来做练习。小组成员轮流选择一个场景来做调解冲突的角色扮演。如果小组中只有两位成员，由他们来进行角色扮演，扮演冲突中的双方。如果小组中的人数超过两人，小组成员则有机会扮演冲突中的一方或调解人。角色扮演以冲突中的A和B分别念出纸上所写的对话作为开始。

练 习

对于你创建的每一个场景，A在听到B的回应后，先做一个深呼吸。假设在暂停时，A决定在接下来的对话中用非暴力沟通来解决冲突，把接下来A可能会说的话写下来。

3. 小结。

所有人回到小组中。每个小组陈述他们所处理的冲突，由一位成员读出在该冲突场景中 A 与 B 的初次对话，然后分享他们在角色扮演中找到的各方的需要。每个小组分享完后，为小组活动中 A 或 B 可能出现的问题、困难和洞见留出一些时间。

活动 2：冲突的角色扮演

1. 每次角色扮演的时间约 30 分钟。如果可能的话，组成 3~4 人的小组，以增加积极练习的机会。为每组提供一叠纸（约为 10 × 13 厘米大小）和一支较粗的记号笔。

2. 每个小组中的成员决定谁将担任以下角色：

角色 A：主角。主角选择一个冲突，能够感受到自己有意愿与对方建立心与心的连结。

角色 B：冲突中的另一方。

角色 C：计时员。

角色 D：记录员。（如果小组中只有三个人，计时员也可以同时担任记录员。）

主角与另一方面对面坐着，保持同样的高度。

3. 主角（角色 A）向另一方（角色 B）描述冲突并进行陈述：

· 他们的关系。例如：我是裁缝，你是我的客户。

· 冲突。例如：你要我把礼服改短，我花了好几个小时来完成。你现在告诉我改得太短了，你不会付钱。

练 习

以最少的细节来简要陈述"发生了什么事"以保证小组的练习时间。

4. 主角开始角色扮演，应用非暴力沟通的步骤来解决冲突。主角在说话之前先默默检验自己是否由衷地愿意与对方建立连结。

5. 当其中一方感到自己的某个需要被对方听到了，就举起手。记录员将这个需要写在大的纸上并摆在那个有需要的人面前的地上。双方在对话过程中可能会找到很多需要。

> **注 意**
>
> 当双方找到可以满足彼此需要的策略并达成一致，而且对冲突的解决感到满意时，角色扮演就可以结束了。

6. 还剩 10 分钟的时候，如果角色扮演仍在进行，计时员可以示意参与角色扮演的两个人交换角色和座位，由主角来扮演冲突中的另一方。

小组中的所有人静默片刻，看看地板上各方的需要。新的主角可以检查自己是否由衷地愿意建立连结。任何一方都可以作为新扮演的角色开始发言。

7. 大约 5 分钟后，计时员示意双方回到原来的角色和座位，他们再一次查看地板上的需要。主角在投入最后 5 分钟完成角色扮演之前，观察自己是否有意愿与对方充分地连结。

8. 计时员示意角色扮演结束。小组从主角开始进行小结，反思自己学到了什么、遇到怎样的挑战、哪些可以有不同的做法，以及是否需要进一步的练习（以及怎样的练习）来支持在这个练习里磨炼的技能。

📋 回应范例

对"个人练习：介入冲突调解"的回应

场景一：

回应妹妹：你很生气，是吗？你需要别人倾听你的内心吗？

场景二：

回应哥哥：你想要清楚地表明你是那个决定说什么或者不说什么的人，是吗？你愿意听听妹妹的困扰吗？

场景三：

回应妹妹和哥哥：你们俩是不是都感到非常沮丧，希望自己的声音被对方听到？

对"带领人指南"的回应

对"活动1：冲突场景2"的回应【1.创造冲突场景中的（3）】

场景一中 A 接下来要说的话：

1. 听起来你很生气，可能想理解我为什么那样说、那样做。

场景二中 A 接下来要说的话：

2. 嗯，我想知道你是不是希望每个人都对自己的幸福负责……

场景三中 A 接下来要说的话：

3. 你想让我明白，这是我自己的选择，是吗？没错，给你买这身衣服是我的选择。我想知道你是否愿意听听我与此有关的感受？

第十二章

关于《为了保护使用强制力》的练习

📝 个人任务

阅读回顾

1. 在什么样的情况下，我们可以选择使用强制力？
2. 从以下两方面识别保护性强制力和惩罚性强制力的不同：
（1）使用强制力背后的意图；
（2）对于人为什么会犯错以及如何进行改正的假设。
3. 关于体罚孩子，马歇尔强调了怎样的担忧？
4. 除了体罚外，马歇尔还提到了哪些其他形式的惩罚？
5. 当我们运用惩罚来驱动人们改变行为时，可能会产生哪些负面后果？
6. 马歇尔建议如何对待伤害了他人的孩子，以取代惩罚？
7. 哪两个问题可以帮助我们认识惩罚的局限性？
8. 常见的激发孩子打扫房间的动力有哪些？家长又常希望孩子以整理房间来回应什么样的价值观？
9. 非暴力沟通要培养的道德意识是什么？
10. 作者把"什么也不用做的房间"的成功，归因于什么？

个人练习

1. 请你回想一个你曾使用保护性强制力的情形。有哪些因素让你将强制力的使用定义为出于保护？你是否还能想到一个类似的情形，你在其中使用了"惩罚性"的强制力？如果可以，对于这两种情形，你留意到了哪些不同？

2. 你是否能回忆起一件自己做过的曾带来伤害的事，对此你感到很后悔？

（1）你认为是什么原因导致你做了那件事？

（2）你的行为是出于你是个坏人（即由于人性的恶，包括意志力薄弱）吗？是出于无知（包括缺乏实现价值观与意图的能力），还是出于别的原因？

（3）如果你认为自己（以及其他人）的行为是出于"恶"，你会如何纠正这种"恶"？

（4）如果你相信人是出于"无知"而行动，你会提议如何矫正呢？

3. 你会如何向国家的惩教系统呼吁，从为了惩罚而使用强制力转变为为了保护而使用强制力？那些被监禁的人们，你们能否根据自己的经历来做出呼吁？

4. 如果你是家长，写下五件你希望孩子去做（或更经常去做）的事情。分别对每一件事写下你希望他们出于什么样的原因去做。

5. 以下练习带领你体验非暴力沟通中的"哀悼"过程，也是第九章中相关练习的延伸。这个过程协助我们直面错误——不使用以惩罚为导向（包括通过内疚和羞愧来惩罚自己）的方式，而是从错误中获得成长。

（1）回到那个为你造成伤害的事上（上述的 2 中出现的事），对此你会对自己说些什么？

（2）检查你在（1）时是否用非暴力沟通的方式对自己说话。如果不是，将你写下的话翻译为四要素：

・当我想到（观察你做了什么）_____。

・我感到_____。

・因为我需要（珍视）的是_____（或因为它没有满足我对_____的需要）。

・我希望可以请求自己_____。

例如：

・当我想起对儿子说："不管你喜不喜欢，你都得去学校！"

・我感到痛苦万分。

・因为我看重理解和支持。

・我对自己的请求是，写下我本来想对他说的话，并把它贴在浴室的镜子上，来帮助我记住下次可以如何同理倾听他。

（3）现在回到你做了让自己后悔的事的那一刻。回想那一刻的情境，包括外在的（外界正在发生什么）以及内在的（你的内在在发生什么）。同理倾听那个时候的自己（做了让自己现在感到后悔的事的自己）：

・当我（看到、听到、想到……）_____。

・我感到_____。

・因为我需要_____。

・当时我选择满足我的需要的策略是_____（让自己现在感到后悔的行动）。

例如：

・当我听到儿子说："妈妈，明天我不上学了，以后也不去学校了！"

・我感到害怕和绝望。

・因为我看重教育和自力更生（我需要知道他能掌握技能，让他自己过上独立和丰饶的生活）。

151

・当时我选择满足我的需要的策略是，对他说："不管你喜不喜欢，你都得去学校！"

🎤 带领人指南

本章可能会引发有关人类行为以及社会应用和后果的探讨。作为带领人，你可以通过明确问题及分配有限的时间，来为这类讨论做引导与限制。如果分歧升温，可以利用这个机会鼓励参与者练习倾听、反映以及慢下来。

持续开展小组在过去几个月中发展起来的练习活动。如果还没有将角色扮演加入练习清单，你可以先读完本手册中"关于组织角色扮演的建议"一章，然后再引入相关的练习。

活动：发生在学校操场上的情节

以下情节涉及在某个制度环境下发生的指责与惩罚，供你的小组参考。

学校操场。

1. 某件事发生了。

2. 另一件事发生了。

3. 又有一件事发生了。

4. 一个牙买加孩子对一个白人孩子说："你这个白鬼子。"

5. 白人孩子对牙买加孩子说："你这个黑鬼。"

6. 牙买加孩子来到老师面前说："他叫我黑鬼。"

7. 老师对白人孩子说："我们学校绝不容忍种族歧视。到校长办公室去！"

第二天早上。

8. 白人孩子的父母致电给校长："这是发生在我们孩子身上的事情，我们无法容忍这样的种族歧视，我们要求学校和老师道歉。"

写下你对他们的同理：

（1）牙买加孩子；

（2）白人孩子（在听到牙买加孩子的话时）；

（3）老师；

（4）白人孩子（在被要求去校长办公室时）；

（5）白人孩子的父母；

（6）校长。

现在想象一下，每个人都收到了你写下的对他们的同理。你认为这一连串事件可能会有什么不同的进展？

练 习

你可以自己尝试练习。

回应范例

对"活动：发生在学校操场上的情节"的回应

> **注 意**
>
> 以下的同理范例仅表达了感受和需要，而没有请求。只有当一个人得到了充足的同理（通过一系列的同理倾听的互动），并准备好来解决问题时，请求才会浮出水面。

1.（对牙买加孩子：）你是不是感到沮丧，因为你希望每个人都能参与游戏？

2.（对白人孩子：）你是不是感到生气，因为你需要得到更多的尊重？

3.（对老师：）你是不是感到担心，因为你希望看到这所学校能够教育所有人尊重所有的族群并起到示范作用？（在这里，人类的共有需要是尊重。）

4.（对白人孩子：）你是不是感到恼火，因为你希望就发生的事情得到理解？

5.（对白人孩子的父母：）你们是不是感到失望和不安，因为你们看重正直，并且希望看到所有的族群都得到同等的尊重？

6.（对校长：）你是不是感到压力，你需要确信，这件事可以通过相互理解来和平地解决？（在这里，人类的共有需要是理解与和谐。）

练 习

阅读这些范例，留意与你的回应有何相似或不同之处。你注意到了哪些不同？在阅读了范例后，你会如何修改自己的回应？

第十三章
关于《解放自我，协助他人》的练习

个人任务

阅读回顾

1. 在我们作为孩子的成长岁月里以及在成年人的生活中，我们都曾经接收到某些关于我们是"受限的"或是"不够标准"的信息。然而，我们常常没有意识到这些信息以及它们所带来的痛苦。为什么？

2. 对于我们缺乏对"需要"的认识，马歇尔是怎么认为的？

3. 举例说明怎样的文化规训让我们无法了解自身的需要。

4. 我们可以如何从文化制约所带来的限制与痛苦中解放出来？

5. 根据马歇尔的说法，抑郁之所以发生是因为我们与_____切断了连结。

6. 马歇尔建议我们在面对挑战和压力时将注意力放在什么上面？

7. 在高速公路上开车时，马歇尔是如何让自己从引发愤怒的信息中解脱出来的？

8. 为什么马丁·布伯质疑心理治疗师的角色能否真正开展心理治疗？

9. 在为痛苦的来访者提供咨询时，马歇尔不是试着了解对方有什么问题，而是问自己什么问题？

个人练习

> **练 习**
>
> 练习1需要持续一周的时间。

1. 这个练习邀请你持续观察自己一周。回顾这一周，留意其中的"高压时刻"，例如起床、堵车、孩子们打架、做讲座、与老板见面、和妈妈打电话等。

在这一周里，要特别注意你在这些时刻的想法和对自己说的话。如果可能的话，写下真实出现在你脑海中的声音。

（1）在当天或者这一周的晚些时候，回顾一下你观察到自己有哪些想法和内在对话。是否有对自己、身处的环境以及他人的评判？你的想法是否还有其他疏离生命的语言的形式？将它们翻译为感受和需要。

（2）问问自己："在这种情况下，我真正希望发生什么？"

（3）然后问："我具体可以做些什么来促成我希望看到的改变？"

2. "在成长过程中，我们从家长、老师、神职人员或其他人那里，或多或少习得了一些限制我们生命的教导，尽管他们是心怀好意的。"在你还是孩子的时候，你对自己形成了怎样的认识？哪些曾经（或仍然）限制了你的生命？

3. "要认清有害的习惯并将它们转化成对生命有益的认知和行为，需要我们投入巨大的努力和觉知。"如果你对这样的转化有兴趣，你正在做什么或者你可以做些什么来让这样的"能量"或"觉察"进入你的生命？

4. 选择一个你的内在冲突，最好是还在进行中的。

（1）写下相互冲突的声音分别在说什么；

（2）用非暴力沟通四要素来翻译对话。（参见该章中的"化解内在冲突"一节里发生在"职业女性"与"有责任感的妈妈"之间的对话。）

5. 你希望自己体验到的"内在环境"是什么样的？为此你可以做些什么？

带领人指南

强调本次活动的主题为内在对话。鼓励参与者在这一次的活动中一起觉察头脑里的念头。请每个人准备好纸和笔，记录下在活动期间出现的内在声音。在活动中留出暂停时间，邀请愿意参与的人分享自己所记录下来的内容。支持他们将其中疏离生命的内在声音翻译为非暴力沟通的语言。

邀请参与者一起来选择活动内容。除了你认为有帮助的任何常规练习外，可以考虑：

· 分享对个人练习 1 和 4 的回应；

· 活动 1（见下文，约 1 小时）：角色扮演，回应身处痛苦中的人们；

· 活动 2（见下文，约 20 分钟）：翻译自我对话。

如果对心理治疗以及回顾个人练习中的其他问题感兴趣，小组可以设定一个讨论时间，以确保留下充足的时间做练习。

活动 1：回应身处痛苦中的人们

角色扮演练习：用非暴力沟通来回应身处痛苦中并且找到我们寻求支援的人（确保问题与个人无关）。

1. 请找一个伙伴，做两人一组的对话。

2. 如果小组人数是单数，某位成员可以担任计时员和观察员。完成 8 后，可换人做计时员。

3. 决定谁扮演 A，谁扮演 B。

4. 计时员邀请大家安静 1 分钟，在此期间，进行 5 和 6。

5. A 回想一个正在发生的感到痛苦的事件，为此寻求支援。

6. B 让自己处于非暴力沟通的意识中，培养自己的倾听能力：

（1）这个人的感受是什么？

（2）他或她的需要是什么？

（3）我对这个人的感受是什么，我的感受背后有什么需要？

（4）我会请求这个人采取什么行动或做出什么决定，相信这会让他或她生活得更加幸福？

7. 在 20 分钟里，双方必须在这一部分进行互动，他们要么扮演自己（作为朋友、非暴力沟通践行者等），或为 B 选择一个能够轻松扮演的角色，例如法律助理、孩子的老师、公务员、护士、顾问等。（对你花在选择角色上的时间保有觉知！）

8. 计时员在 20 分钟快要结束的时候示意。然后给每组 10 分钟来完成角色扮演并分享他们的观察和学习收获。

交换计时员。A 与 B 交换角色，重复上述的 5~8。

练 习

你可以自己来尝试活动 1，扮演内在对话中的两个角色。将你的内在对话记录在本子上。

活动2：翻译自我对话

1. 请一个人有感情地读出以下的自我对话。

2. 其他人倾听话语背后的感受和需要。

3. 让每个人都有机会翻译其中的一句话。

4. 在听完和讨论完所有的反馈后，请一个人再次朗读最初的自我对话。

5. 第二位参与者用非暴力沟通的方式对此进行翻译，要反映出整个小组的理解和学习所得。

例如：

在那次派对上，我的嘴塞得满满的，吃相真难看。我的意志太薄弱了，连一点点自律都没有。没有人像我这样吃东西。如果我一直这样下去，我得侧身才能从门通过了！别人一定会认为我很恶心。好吧，他们有什么权利来评判我？他们应该管好自己的事……无论如何，我没必要关心别人怎么看待我。我值得享受我喜欢的东西。这有什么问题？……拜托，别傻了，别对自己开玩笑了。你知道把自己吃撑成这样是有问题的……

练 习

自行尝试活动2，将负面的内在对话翻译成非暴力沟通的语言。

回应范例

对"活动 2：翻译自我对话"的回应

我对自己在派对上吃这么多东西感到失望。我希望能在要吃多少食物这件事上信任自己能自律。我很担心，因为我渴望我的形象对他人有吸引力——我想要被接纳。更重要的是，不管别人怎样看，我想要接纳我自己。我决心选择去做那些能服务于我的生命、为我带来快乐的事，而不是顾及他人怎么评判我。我想庆祝我的快乐，充分享受味蕾在遇到每一份食物时所带来的愉悦感。嗯，我也想支持自己想要保持目前身材的选择，也能悦纳享受美食带来的后果。所以，为了满足这两个需要，我能做些什么来确保我的幸福快乐呢？

练 习

查看回应范例，与你的回应做比较，你注意到有哪些不同？

第十四章
关于《使用非暴力沟通表达感激与赞赏》的练习

个人任务

阅读回顾

1. 表扬与赞美有时也会被认为是"疏离生命"的沟通方式,请举例。
2. 当经理和老师说表扬和赞美"管用"时,他们想要表达什么意思?马歇尔对此表达了怎样的看法?
3. 为什么马歇尔担心积极反馈会成为一种影响他人行为的模式?
4. 用非暴力沟通表达感激的目的是什么?
5. 在使用非暴力沟通表达感激时,会包含哪三个要素?
6. 为什么许多人难以优雅地接受感激与欣赏?
7. 在接受感激时,我们可以采取什么态度避免自鸣得意和假谦虚?
8. 在对舅舅表达感激这件事上,马歇尔留意到自己有些抗拒,那个抗拒的声音是什么?

个人练习

培育感恩之心

越南诗人一行禅师在《活得安详》(*Being Peace*)一书中写道:

如果你是诗人，你会在这张纸中清楚地看到一朵漂浮的云。没有云，就没有水；没有水，树木就无法生长；没有树木，你就无法造出纸来……而如果看得更深入些……你不仅会看到云和阳光，而且还会看到万事万物：小麦成为伐木工人吃的面包，还有伐木工人的爸爸……一切都在这张纸里。

事物是相互联系的。当我们对它的理解在生活中真实呈现时，喜悦与感激之情就会在我们每次与生命的相遇中涌现出来。非暴力沟通的意识加深了我们与自身生命能量以及我们在每一刻看重什么的连结，进而使我们深刻地看到我们的生命以及所有人共有的需要是如何从多个方向得到支持的。

1. 选择一次就餐，花时间考虑食物的来源。
- 在盘子里，你看到了什么？
- 它们包含什么成分？
- 它们源自哪些生命？
- 谁的手、心意、汗水、梦想等促成了这份食物的产生？

通过看见我们吃下的一切东西的来源，我们可以发展对所有事物相互关联的感知。展开想象，想想做成面包的麦子、奶牛的奶、豌豆的豆荚、孕育鱼的海洋以及滋养万物的太阳。于是，带着感激和敬重的心，像吃圣餐那般，我们接受着生命的神圣起源。

——史蒂芬·拉维（Stephen Levine）

> **注 意**
>
> 个人练习2需要持续一个月。

2. 在一个月里，每天问问自己：在过去的一天里有什么让我感激的事？这样做用不了几分钟，但要试着持续去做，在你生活中某个常规活动之前或之后（例如起床、上班、午餐、看晚间新闻等）。

3. 试想一个人，你对这个人做过的（或者正在做的）事心存感激。运用非暴力沟通的方式向对方表达感激，可以是写一个便笺或者一封信。

当你发出时，留意自己是否期望得到回报。（如果是，你也许可以提出一个清晰的请求，记得在提出请求时提及你的感受和需要。）

4. 他人向你表达什么样的感激或欣赏，会让你欢欣雀跃？

5. 在你的日常互动中，练习将表扬和赞美的话转化为观察、感受和需要。一开始，你可能只是在内在做这样的转化。经过一些练习后，你会更有信心，他人将能听出你的转化（用非暴力沟通表达感激）是带给彼此的庆祝，而非对他们的纠正或自我夸大。

例如：

（1）刚刚给客户送完货后，内在（对自己）：

他刚刚对我说"干得好"，他一定很开心。他很开心，因为我……等一下，他有什么需要呢？好吧，他很高兴，因为他看到家具都完好无损地按时送达。他对安全和可靠性的需要得到了满足。

（2）外在（与他人的互动）：

客户：嘿，干得好！

你：谢谢！完好无损地按时送达，你喜欢这样可靠的服务，是吗？

在听到客户的需要因为你的语言或行动得到满足后，问问自己："我现在的感受如何？为什么呢？"然后自我表达感激："我感到欢欣鼓舞，因为我满足了自己服务于生命以及内外一致的需要——我说我会按时、安全地送达，我就会做到。"

带领人指南

本次活动是课程的最后一次。请给大家提供充分的空间来表达感激。同时，将表达感激融入各个环节中（回忆、签到和结束）。

活动 1：角色扮演

1. 用 5 分钟回忆一个生命中你很感激的人（不一定是在世的人）：想一想这个人做了什么，当他或她这样做时你的感受是什么，你有什么样的需要得到了满足。

2. 选择某个人来进行角色扮演，请他或她扮演这个人，你用非暴力沟通的方式向对方充分地表达感激之情。

3. 接受感激的人：带着同理心接受感激。在充分地接受感激后，表达出任何在你内在出现的感受，以及这份感受又是来自哪里（即感受背后的需要）。

练 习

尝试自己来完成 1 和 2。

活动 2：向小组里的人表达感激

这个环节可以在整场活动中随时进行。任何时候，如果有人想要对小组中的某个人所做的或者所说的表达感激，就可以使用约定好的特定手势和短语（例如：我想表达感激）来"打断"正在进行的事。

练　习

尝试用这样的方式向一个朋友、家庭成员或者同事来表达感激。

（如果由于整场活动都被很多感激"打断",使得活动无法按既定安排进行,请一定要记得恭喜你自己和你的团体。）

活动3：分享个人练习

对于每一项个人练习,看看是否有人愿意和大家分享自己的学习收获。

如果很多人没有预先完成个人练习4,可以在小组里花一点时间来做："他人向你表达什么样的感激或欣赏会让你欢欣雀跃？"

活动4：自我欣赏

带领人向小组成员进行以下说明：

1. 你欣赏自己什么？为什么？

2. 如果你欣赏自己的某种特质,你是否能够回忆起曾经具体做了什么或说了什么呈现出这个特质？

3. 上述的行为或特质满足了你怎样的价值观或需要？

4. 当你意识到对自己的欣赏时,你留意到自己有什么样的感受？

告知小组成员他们有5分钟的安静时间来思考这些问题。5分钟过后,检查一下是否所有人都已完成。如果没有,请再留出几分钟让每个人都完成。

邀请每个人依次分享对自己的欣赏。建议大家在一个人分享之后，所有人一起做两次深呼吸，同时，提醒一下，在所有人分享完之前不做任何评论。

最后，邀请大家对自我欣赏、向他人表达欣赏以及听到自己被欣赏做出反馈。鼓励在给予反馈时保持与感受和需要的连结，而不是去分享体验。

惯性的表达：我通常不会像这样在公共场合说自己好话，这让我一开始感觉有点奇怪，但后来我觉得没关系了，因为每个人都在这样做……

非暴力沟通的表达：一开始我感到有一些，呃，尴尬。我感到紧张，我猜我可能需要接纳、理解。然后，当我意识到所有人都在这样做时，我有点放松下来，并且认为我可以信任我们能接纳彼此，我不会因为自己的傲慢或其他什么而受到评判。

练 习

你可以尝试自己练习，将回应记录在本子上。

活动 5：培育感恩之心

每天的感激练习可以极大地改变我们的生活。唯一需要的就是每天花几分钟时间。不过建立任何新的习惯都需要坚持。很幸运的是我们有这样一个练习小组，可以互相支持。

带领人：查看个人练习 2 中的说明，询问是否有人想要尝试这样的练习，如果有的话，询问小组中的其他人可以如何给予支持。有些可以供练习者参考，比如，想一下具体什么时候、在哪里做这个练习，和小组成员分享和交流信息，听取其他人的做法等。

本次活动可能是小组最后一次相聚。成员们可以相互支持来继续练习的一种做法是：找到一位搭档，用约定的形式分享当天有什么引发了自己的感激。内容可以很简明，并不需要讲述具体的故事，只需提及感激的对象。重要的是搭档之间要相互承诺坚持30天这样来做。

可以写的内容范例：

·我很感激今天早上起床时头不痛。

·我对春回大地和花园中的鸟鸣十分感恩。

·在5号高速公路服务区使用洗手间时，我很感谢那些日复一日清扫厕所的人。

·今天，当我犯了一个错误时，我发现自己没有自责，而是连结了自己的需要。感激之情进入我的内心，它传递到你、小组中的每个人以及马歇尔。

回应范例

对"活动4：自我欣赏"的回应

1. 你欣赏自己什么？为什么？

"当我看到自己按照意图来行动时，我很欣赏自己。我欣赏这种品质，因为我重视实效：将梦想变为现实。"

2. 如果你欣赏自己的某种特质，你是否能够回忆起曾经具体做了什么或说了什么呈现出这个特质？

"一个具体的例子可能就是我现在在做的事情：写完这本实践

手册。"

3. 上述的行为或特质满足了你怎样的价值观或需要？

"这个行动不仅满足了我对高效的需要，还有对贡献和支持的需要。我希望能为非暴力沟通的学习者们做出贡献，特别是支持那些自学者。"

"还满足了我对做有意义的事情、创造力、挑战以及乐趣的需要，还有成长和学习。哇！"

4. 当你意识到对自己的欣赏时，你留意到自己有什么样的感受？

"坐在这里，带着对自己的欣赏，我觉察到惊喜、喜悦的感受，我很感动，还有些敬畏……我的眼睛被窗外的山脉所吸引（手依然还在键盘上）……我感到心中充满了感激之情，与绵延的白色山峰是那么亲近，并感觉到我也是那生命奇迹的一部分。"

"作为生命的一部分，并意识到自己所获得的礼物，我感到振奋。同时，对自己体会到这些感受，我又很惊讶。（今天早上，我本来想写一篇简短的'回应范例'来完成本手册的这一部分。）"

"我还留意到一种谦卑的感觉：我真的认为我可以避免机械地进行非暴力沟通的练习吗，即使那是一年前我自己编写的练习？"

"此外，我感受到对马歇尔以及非暴力沟通的深深的感激之情，NVC一次又一次地将我带回与生命的连结。"

5. 你对自我欣赏并且公开表达有什么样的感受？对这个过程有什么反馈吗？

"我感到有点不安全、不确定……也许是脆弱……希望我在公开场合所做的分享能得到理解与接纳。"

"至于这个过程，我感到快乐，写这篇'回应范例'用了两个小时而不是30分钟，但我很开心，因为我看重基于真实体验的回应。"

练 习

阅读以上范例后,回顾你在笔记本上记录的回应。看看你用来欣赏自己的过程与回应范例相比,你注意到有哪些相似或不同之处?你从中学到了什么?

附 录

附录1　对进一步练习非暴力沟通的建议

1. 开展为期 14 个月的练习

许多每周练习一个章节的人认识到，如果有更多时间进一步研究本手册，能更深入地学习。如果你是以自学的方式来练习，那就更是如此。如果你想在 14 周后继续开展更有结构性的练习，可以考虑每个月以一章为主题，在实际生活中运用。

因此，你在第一个月的目的是，每天培育觉知什么时候你是由衷给予的，什么时候没有由衷给予。在内心或笔记本上记录下来，以便在以后的时间里重新审视这一时刻。在面对你明明想着"我真希望可以不那样做"却说了"是"的时候，你会有更多信心对此做些什么。重新审视这一时刻的挑战，可以被看作加深非暴力沟通意识的机会。随着时间的推移，你将会庆祝在你说"不"的方式里，能让别人清楚地听到你在对什么需要说"是"。

在第二个月里，每天提醒自己对那些疏离自己的感受和需要的外部和内部讯息保持警醒。留意自己听到或说出以下任何词汇：**应该、必须、不准、不得不、理应、应当**……觉知你使用操控、强迫以及惩罚（或奖励）作为手段来得到自己想要的东西的时刻；或者当你和他人互动的背后其真实目的是去指责、令人羞愧或者内疚的时刻。还有，对于你在家中或者工作场所那些由于外部奖励而做出的选择保持清醒。关注当你给予或接受表扬的时刻，例如"你做得太好了！我真为你感到骄傲。""你是一个好棒的孩子（妈妈、员工、学生、爱人、沟通者）。"你所做的是为了受到表扬或者赢得肯定吗？当你快乐地为他人的安康做出贡献或接受来自他人的礼物时，是否为之庆祝？

在第三个月里，聚焦于区分观察和评论。持续以这样的方式，每个月都聚焦于一个特定的章节主题。

2. 重演不尽如人意或令人困惑的互动

回顾那些事后你希望能以不同的方式来处理的互动（与他人或与自己的），将之作为一种练习。在回忆的同时，记录当时的对话，并识别那些断开连结的地方。（例如：假如你听到了一位家长与孩子说话的语气或音量让你感到不适，你可能会立刻做出反应，去指责这位家长"漠不关心"或指责孩子是个"讨厌鬼"。或者可能是你小时候听到某个家人说你哪里有问题的话。）使用你学习到的非暴力沟通技巧来翻译你自己或者他人说的话。回忆你那时的感受和需要，以及你说了什么或者做了什么，让自己的需要得到了满足或者未得到满足。当你意识到自己因为没有以"非暴力沟通的方式"来行事而指责自己时，确保自己来做下面的练习。

3. 练习同理自己

一次又一次地，每当你发现自己身处痛苦中时，停下来同理自己。如果你无法当场这样做，那就把这一刻定格，晚些时候再来同理自己。当你越来越善于给予自己"紧急同理救援"时，你就会养成这样的习惯，你也能不断提高以连结感受和需要的方式来回应当下痛苦的能力。对于那些看起来特别麻烦或复杂的情况，花一些时间记录下你的内在对话。首先，让想要表达的内容使用习惯的语言、想法和图像的方式自由地表达，然后扮演同理倾听者的角色，将对话中的每一句话以观察、感受、需要和请求的方式进行回述。

> **练 习**
>
> 　　如果你选择了自学非暴力沟通，与一位你可以向其寻求帮助、反馈以及提出请求来同理倾听你的 NVC 搭档结伴学习，可以为你的实践带来满足感。

附录2 感受词汇表

当需要得到满足时可能会产生的感受：

深情 **AFFECTIONATE** 友好 friendly 有爱心 loving 开放 open 敞开心扉 openhearted 富同情心 sympathetic 柔软 tender 温暖 warm 机敏 **ALERT** 冷静 centered 头脑清晰 clearheaded 觉知 mindful 稳定 steady 敬畏 **AWED** 惊奇 amazed 惊讶 astonished 困惑 bedazzled 陶醉 enchanted 迷醉 enthralled 出神 entranced 受启发 inspired 入迷 spellbound 惊叹 wonder 自信 **CONFIDENT** 被赋能 empowered	期盼 expectant 满怀希望 hopeful 乐观 optimistic 自豪 proud 如释重负 relieved 安全 safe 保障 secure 满足 **CONTENT** 极为幸福 blissful 开心 cheerful 舒适 comfortable 轻松 easy 高兴 glad 幸福 happy 快乐 pleased 愉悦 **DELIGHTED** 新奇 adventurous 开怀 amused 无忧无虑 carefree 高涨 high 愉快 lighthearted 欢喜 mirth 活泼有趣 playful 享乐 pleasure 精力充沛 **ENERGETIC** 有活力 alive	快活 buoyant 创造性 creative 热忱 eager 奔放 ebullient 清新 fresh 健康 healthy 精神焕发 invigorated 茁壮 vigorous 生机勃勃 vital 热情高涨 zestful 激动 **EXCITED** 热心 ardent 热情 enthusiastic 热诚 fervent 激情 passionate 自由 **FREE** 趣味 **INTERESTED** 全神贯注 absorbed 振作 aroused 好奇 curious 聚精会神 engrossed 着迷 fascinated 感兴趣 inquisitive	迷住 intrigued 激励 stimulated 欢腾 **JUBILANT** 欣喜若狂 ecstatic 欢欣鼓舞 elated 兴奋 exhilarated 喜气洋洋 exuberant 兴高采烈 exultant 喜悦 joyful 欢乐 joyous 痴迷 rapturous 乐不可支 thrilled 和平 **PEACEFUL** 协调 attuned 平静 calm 镇静 composed 平心静气 equanimous 安静 quiet 虔诚 reverent 恬静 tranquil 放松 **RELAXED** 梦幻 dreamy 勇敢 languid 甜美 mellow

| 松弛 rested
满意
SATISFIED
满足 fulfilled | 充分满足 sated
欣慰
THANKFUL
感激 appreciative | 开朗 expansive
感谢 grateful
心满意足 gratified
感动 moved | 触动 touched |

当需要无法得到满足时可能会产生的感受：

| **苦痛**
AGONY
痛苦 anguish
丧失之痛 bereaved
心碎 brokenhearted
苦恼 distress
哀伤 grief
受伤 hurt
郁闷 miserable
悲惨 misery
哀悼 mournful
疼痛 pain
难过 sad
哀痛 sorrow
悲伤 woe
糟糕 wretched

愤怒
ANGRY
怒火中烧 enraged
大怒 furious
愤愤不平 indignant
激怒 ire
愤慨 outraged
报复 vengeful

烦扰
ANNOYED
气恼 aggravated
刺激 aroused
不快 displeased
恼火 exasperated
懊恼 frustrated
不耐烦 impatient | 恼怒 irked
惊呆 petrified
害怕 scared
怀疑 suspicious
惊恐 terror
气馁 unnerved
警惕 wary
着急 worried

忧郁
GLOOMY
低落 dejected
抑郁 depressed
绝望 despairing
沮丧 despondent
愁苦 forlorn
无望 hopeless
孤独 lonely
忧愁 melancholy
昏沉 mopey
悲观 pessimistic
无奈 resigned
激怒 irritated
愤愤不平 miffed
懊恼 peeved
棘手 vexed

反感
AVERSION
疏离 alienated
敌意 animosity
苦涩 bitter
厌恶 disgusted
不喜欢 dislike | 憎恨 hate
敌对 hostile
讨厌 loathing
憎恶 repugnance
拒绝 repulsed
仇视 resentment

失望
DISAPPOINTED
焦躁 agitated
惊慌 alarmed
挫败 discouraged
不高兴 disgruntled
灰心 disheartened
惊愕 dismayed
不安 disquiet
不满 dissatisfied
麻烦 disturbed
担心 perturbed
担忧 rattled
失魂落魄 startled
惊讶 surprised

绷紧
TENSE
负荷 burdened
筋疲力尽 burnt out
束缚 constricted
暴躁 cranky
枯竭 depleted
心烦意乱 distracted
烦心 distraught
妨碍 encumbered
耗尽 exhausted | 坐立不安 fidgety
虚弱 fragile
疲惫 frazzled
激烈 intense
易怒 irritable
无精打采 listless
飘忽不定
off-centered
紧绷 overwhelmed
躁动 restless
烦恼 troubled
动荡 turbulent
混乱 turmoil
不适 uncomfortable
心神不宁 uneasy
紊乱 unsettled
烦乱 upset

失去连结
DISCONNECTED
冷漠 aloof
冷淡 apathetic
寒冷 cold
轻蔑 contemptuous
冷酷 cool
遥远 distant
不在乎 indifferent
拘谨 inhibited
漠不关心
nonchalant
麻木 numb
被动 passive
遗憾 pity |

迟疑 reluctant 疏远 remote 呆板 removed 保守 reserved 不感兴趣 unconcerned 无动于衷 unmoved 退缩 withdrawn **尴尬** **EMBARRASSED** 羞愧 ashamed 泄气 deflated 敏感 sensitive 焦虑不安 stressed 竭尽全力 stretched 无稽 ungrounded 脆弱 vulnerable **困惑** **CONFUSED** 模棱两可 ambivalent 糊涂 befuddled 纠结 conflicted	困惑 discombobulated 眩晕 dizzy 不确定 doubtful 可疑 dubious 犹豫不决 hesitant 恍惚 in a daze 优柔寡断 indecisive 迷失 lost 神秘莫测 mystified 迷茫 perplexed 内疚 guilty 缺乏信心 insecure 遗憾 regretful 懊悔 remorseful 害羞 shy 抱歉 sorry 不知所措 unsure of self	羡慕 **ENVIOUS** 愿望 desirous 渴望 longing 怀旧 nostalgic 憔悴 pining 伤感 wistful 眷恋 yearning **担忧** **FEARFUL** 焦虑 anxious 担心 apprehensive 畏惧 daunted 可怕 dread 烦躁 edgy 忧虑 foreboding 惊吓 frightened 谨慎 guarded 恐怖 horror 没把握 insecure 紧张不安 jittery 疑虑 leery 多疑 mistrustful	紧张 nervous 惊慌失措 panicky 苦思冥想 puzzled 踌躇 tentative 撕扯 torn 犹豫不决 uncertain 含糊 unclear 不确定 unsure **劳累** **TIRED** 无聊 bored 沉闷 draggy 无力 enervated 精疲力竭 fatigued 沉重 heavy 倦怠 lethargic 死气沉沉 lifeless 低能量 low life energy 昏昏欲睡 sleepy 厌倦 weary

附录3　需要词汇表

"我当下的需要是什么？"这是非暴力沟通意识的核心。

非暴力沟通的核心是觉察此时此刻在我们心中激荡着的生命能量。我们可以看到这种生命能量与我们所珍视的使生命得以维系的品质息息相关。它可以被表达为梦想、需要、愿望或渴望，它是否得到满足导致了我们的感受产生。

在非暴力沟通中，我们尝试着去识别所有人"共有的需要"——我们所有人都珍视的使生命得以维系的品质。除了那些使身体生存的基本需要，如空气、食物、睡眠等之外，为了让生命得以茁壮成长或活出满足的人生，并且实现人的潜能，所有文化中的人们都有着一些共同的基本需要，如连结、自主、目标、安全、尊重等。我们清晰地将这些基本需要与那些具体的愿望和欲望区分开来，那些愿望和欲望产生了满足基本需要的策略（有着具体的时间、地点、人物和行动）。这些策略与解决方案的表达是通过"请求"而不是"需要"来实现的，这是非暴力沟通中的一项关键区分。

下面的需要词汇表既不是详尽无疑的，也不是固定的。尽管需要具有普遍性，但这些词只是词语，不同的人可能会使用不同的词语来传递一个被感知到的需要。表达需要不是一门科学，而是我们为自己培养出来的一种艺术。当我们创造着自己的需要词汇表时，我们的目标并非保证正确，而是加深觉知。

人类共有的需要

相互依存的需要
Interdependent needs
既接受也给予：

接纳 acceptance
包容 inclusion
欣赏 appreciation
（确认做出了积极的贡献）
慈悲心 compassion
（对感知到的痛苦给予关心）
连结 connection
体谅 consideration
（自己或他人的需要或喜好）
合作 cooperation
社群 community
（成为一个大于自己的某个群体的一部分）
同理 empathy
诚实 honesty
（对言行的诚实反馈可以让我们从自身过往的行为和局限中学习）
温暖 warmth、亲近 closeness
亲密 intimacy
尊重 respect
自我尊重 self-respect
支持 support、滋养 nurturance
信任 trust、确认 reassurance
理解 understanding
（理解和被理解）
可见度 visibility
（看见和被看见、被关注）

和谐与平衡
Harmony and balance

美 beauty、秩序 order、和平 peace
完整 wholeness、平等 equality
相互性 mutuality
启迪 inspiration、精神交融 communion

自主选择与真实
Autonomy and authenticity

自主选择 autonomy
（选择实现目标、价值和梦想的方法）
内外一致 integrity
（活出自己的价值观）
真实 authenticity
（对自己真实）

清晰与觉知
Clarity and awareness

意识 consciousness
理解 understanding
（对知识、智慧与经验的需要）

意义与有效性
Purpose and effectiveness

贡献 contribution
（为了丰盈生命）
意义 meaning
富有意义的活动 purposeful activity
工作 work
成长 growth
胜任的能力 competence
创造力 creativity
自我表达 self-expression

安全与健康
Safety and health

安全 security
可靠性 dependability
一致性 consistency

休息与玩耍
Rest and play

享受 enjoyment
挑战 challenge、激励 stimulation
自在 ease、轻松 relaxation
庆祝与哀悼 celebration and mourning
（关于生命与出生和死亡的循环）

附录4 "遭遇愤怒破坏时，SSTOP！"

S	S	T	O	P
刺激	"应该"的想法	翻译为需要	打开感受	当下的请求
某个人说的话（他们真正表达的话语）："嘿，你这个傻瓜。" 某个人做的事（他们的行为）：他把你的收音机摔在了地上 某个特定的情形、物件或现场 回到家时发现信箱被搞坏了	愤怒的原因	人类共有的需要	身体知觉 愤怒背后的情绪	向自己或者他人提出某个具体、可执行的做法来满足你当下的需要

附录5　个人反馈表

（允许根据需要复制使用）

非暴力沟通练习小组
个人反馈表

名字：_____

活动日期：_____

关于……我的观察、感受和需要（得到满足与未得到满足的）

1. 今天的活动：_____

　_____

2. 我的参与：_____

　_____

3. 其他人的参与：_____

　_____

4. 带领人的引导：_____

　_____

5. 我今天的学习收获：_____

　_____

附录6　团体反馈表

（允许根据需要复制使用）

非暴力沟通练习小组
每月团体反馈表

时间（月/年）：_____

团体：_____

每个月，请上一次活动的带领人引导一次讨论，收集来自学员的反馈，并在之后填写反馈表。

反思我们的月度共学，内容如下：

1. 我们感到满意的方面：_____

　_____

2. 我们遇到的挑战和困扰：_____

　_____

3. 我们想在下个月尝试的一些新做法：_____

　_____

4. 我们没有达成一致的一些方面：_____

　_____

5. 我们学习到的一些新内容：_____

　_____

附录7 非暴力沟通过程追踪表

（允许根据需要复制使用）

非暴力沟通过程
追踪表

使用本表来追踪你在非暴力沟通之舞中的步骤

	诚实表达	同理倾听
观察		
感受		
需要		
请求		*

* **解决问题**：只有在充分同理了他人的感受和需要之后，再来解决问题。

非暴力沟通四要素

非暴力沟通四要素	
清晰地、不带指责或批评地表达自己	带着同理心倾听对方，而不解读为指责或批评
观察	
1. 我所观察到的（看到的、听到的、记忆里的、想象的，不带自己的评价） 是否为我的幸福做出了贡献： "当我（看，听）……"	1. 你所观察到的（看到的、听到的、记忆里的、想象的，而不是你所评价的） 是否为你的幸福做出了贡献： "当你（看、听）……" （有时会以静默的方式同理倾听）
感受	
2. 与我的观察相关联，我的感受（情绪、知觉而非想法）： "我感到……"	2. 与你的观察相关联，你的感受（情绪、知觉而非想法）： "你感到……"
需要	
3. 引发我感受的根源是我所需要或看重的（而不是偏好或特定的行为）： "……因为我需要/看重……"	3. 引发你感受的根源是你所需要或看重的（而不是偏好或特定的行为）： "……因为你需要/看重……"
请求	
为了服务于我的生命需要，清晰地表达请求而不是要求。 4. 我想采取的具体行动是： "你愿意试试……吗？"	同理倾听什么请求能服务于你的生命需要，而不是听到任何要求。 4.. 你想采取的具体行动是： "你愿意试试……吗？" （有时会以静默的方式同理倾听）

图书在版编目（CIP）数据

非暴力沟通实践手册 /（美）吕靖安（Lucy Leu）著；刘轶译. --2 版（修订版）. --北京：华夏出版社有限公司，2023.3（2023.12 重印）

（非暴力沟通系列）

书名原文: Nonvolent Communication Companion Workbook 2nd Edition：A Practical Guide for Individual, Group, or Classroom Study

ISBN 978-7-5222-0444-4

Ⅰ.①非… Ⅱ.①吕… ②刘… Ⅲ.①心理交往－手册 Ⅳ.①C912.11-62

中国版本图书馆 CIP 数据核字（2022）第 240235 号

Translated from the book **Nonviolent Communication Companion Workbook 2nd Edition, ISBN 13 / 10: 9781892005298 / 1892005298 by Lucy Leu**. Copyright © **Fall 2015** PuddleDancer Press, published by PuddleDancer Press. All rights reserved. Used with permission. For further information about Nonviolent Communication ™ please visit the Center for Nonviolent Communication on the Web at: www.cnvc.org.

版权所有 翻印必究
北京市版权局著作权合同登记号：图字 01-2016-6053 号

非暴力沟通实践手册（修订版）

著　　者	［美］吕靖安	译　　者	刘　轶
策划编辑	朱　悦　陈志姣	责任编辑	陈志姣
营销编辑	张雨杉	版权统筹	曾方圆
责任印制	刘　洋	装帧设计	殷丽云

出版发行　华夏出版社有限公司
经　　销　新华书店
印　　刷　三河市少明印务有限公司
装　　订　三河市少明印务有限公司
版　　次　2023 年 3 月北京第 2 版　2023 年 12 月北京第 2 次印刷
开　　本　710×1000　1/16 开
印　　张　12.5
字　　数　150 千字
定　　价　49.80 元

华夏出版社有限公司
网址：www.hxph.com.cn　地址：北京市东直门外香河园北里 4 号　邮编：100028
若发现本版图书有印装质量问题，请与我社营销中心联系调换。电话：（010）64663331（转）

有关非暴力沟通的更多信息，请联系国际非暴力沟通中心，地址如下：
Center for Nonviolent Communication (CNVC)
5600-A San Francisco Rd NE Suite A
Albuquerque, NM 87109 USA
Website: www.cnvc.org
Email: cnvc@CNVC.org
USA Headquarters Phone: 1-505-244-4041